Ziele erreichen

Von der Vision zur Wirklichkeit

Susanne Nickel

2. Auflage

HAUFE.

Inhalt

Der Weg zum Ziel beginnt bei Ihnen selbst 5

- Der Anfang der Reise 6
- Was ist Ihnen wichtig? Rollen und Werte 9
- Ihre Stärken und Schwächen 17
- Ihre Erfolge: Was haben Sie bisher erreicht? 21
- Ihr prägendes Netzwerk 24
- Ihr Status quo: Standortbestimmung mit dem Lebensbaum 26

Wie Sie Ihr Ziel finden und festlegen 31

- Was ist ein gutes Ziel? 32
- Wie aus Wünschen Ziele werden 36
- Von der Vision über die Mission zum Ziel 42
- Das ZIEL-Modell mit dem Gute-Laune-Loop 46
- Nach den Sternen greifen mit der STAR-Methode 50
- Nutzen Sie die Kraft des Unterbewussten 52

Mein Team zur Zielerreichung 59

- Ihre inneren Teammitglieder 60
- Der Faulpelz 63
- Der Kritiker 68
- Der Supercoach 73
- Der Kriegeranteil in uns 75
- Das innere Kind 78
- So wird Ihr Team zum Erfolgsteam 83
- Was sagt Ihr inneres Team zu Ihrem Ziel? 85

Los geht's mit der 3-D-Strategie **87**

- Letzter Ziel-Check 88
- Sich durchsetzen: Aller Anfang ist schwer 89
- Durchhalten, auch wenn es anstrengend wird 97
- Durchstarten: Im Endspurt auf der Zielgeraden 102

Nach dem Ziel ist vor dem Ziel **111**

- Ziel erreicht – was nun? 112
- Ziel nicht erreicht – und jetzt? 114
- Auf zu neuen Zielen 118
- Leinen los mit der Strategie des Vasco da Gama 120

- Stichwortverzeichnis 125

Vorwort

Fragen Sie sich auch, wie Sie sich Ihre Wünsche erfüllen können? Wie Sie Ihre Ziele erreichen, um ein zufriedeneres Leben zu führen? In jedem Wunsch steckt ein Ziel. Egal, ob es sich um private oder berufliche Vorhaben handelt: Aus einer Vielzahl von möglichen Optionen das passende Ziel zu finden und dann auch konsequent zu verfolgen, ist manchmal gar nicht so einfach.

Vielleicht kennen Sie das? Wir nehmen uns etwas vor, gehen ein paar Schritte und wenn die ersten Hindernisse kommen, brechen wir ab. Dieser TaschenGuide weist Ihnen den Weg, wenn es mal holprig oder unübersichtlich wird. Er hilft Ihnen dranzubleiben und den Kurs zu halten, wenn Sie kurz vor dem Aufgeben sind. Neben Ihrem inneren Erfolgsteam lernen Sie leicht in den Alltag integrierbare Techniken und sog. Gute-Laune-Loops kennen, mit denen Sie Ihre Ziele mit Freude und Ausdauer in die Tat umsetzen können.

Legen Sie los und machen Sie sich auf die Reise, erst zu sich selbst und dann zu Ihrem Ziel!

Viel Freude und Erfolg dabei wünscht Ihnen

Susanne Nickel

Der Weg zum Ziel beginnt bei Ihnen selbst

Schneller, höher, weiter – unser ganzes Leben dreht sich um Ziele. Mehr Gehalt, ein besserer Job, eine größere Wohnung, eine Weltreise – solche Vorhaben vor Augen rennen wir los, um sie möglichst schnell zu erreichen, und vergessen dabei oft das Wichtigste dabei: uns selbst.

In diesem Kapitel machen Sie Ihre persönliche Bestandsaufnahme. Sie finden heraus,

- was Ihnen wirklich wichtig ist im Leben,
- was Sie stärkt und was Sie schwächt,
- auf welches Netzwerk Sie zugreifen können,
- wo Sie gerade stehen.

Der Anfang der Reise

Kennen Sie das Bonmot »Selbsterkenntnis ist der erste Schritt zur Besserung«? Es gilt für alle Lebenslagen und vor allem auch dann, wenn Sie sich rüsten wollen, um ein neues Ziel zu erreichen. Sie sollten sich selbst gut kennen, denn Sie sind der wichtigste Mensch, wenn es um Ihr Ziel geht. Sie definieren es und Sie setzen es um. Sie setzen das Startsignal und machen sich auf den Weg. Sie haben es in der Hand, auch wenn Widerstand kommt. Sie entscheiden darüber, durchzuhalten oder aufzugeben.

Wie gut kennen Sie sich?

Oft schauen wir nicht genau hin oder trauen uns nicht, uns selbst so wichtig zu nehmen. Viele von uns haben gelernt, dass es sich nicht ziemt, sich selbst in den Fokus zu rücken. Sich selbst zu kennen und zu wissen, wo man im Leben gerade steht, ist jedoch wichtig und elementar, wenn wir uns Ziele setzen und sie auch erreichen wollen. Es ist gut zu wissen, was uns unterstützt oder bei wem wir uns Unterstützung holen können. Wir sollten auch wissen, was uns schwächt und was wir vielleicht besser lassen sollten. Sich gut zu kennen hilft auch, wenn es mal anstrengend wird, und es darum geht, durchzuhalten und Herausforderungen zu meistern.

Welche Ausrüstung haben Sie dabei? Welche Lasten tragen Sie vielleicht mit sich? Was hat Sie geprägt? Worauf bauen Sie auf?

Wenn Sie jetzt starten, worauf blicken Sie zurück? Was Sie dabei unterstützt, Ihr Ziel zu erreichen, nützliche Tipps und Werkzeuge, verrate ich Ihnen später.

Seien Sie Ihr eigener Schatzsucher

Ich möchte Sie zunächst einladen, sich besser kennenzulernen. Wenn ich Menschen im Coaching auf dem Weg zu ihren Zielen unterstütze, verstehe ich mich immer als Schatzsucherin. Ich suche gemeinsam mit meinen Klienten ihre verborgenen und weniger verborgenen Schätze, die ihnen helfen, ihre Ziele gut zu erreichen. Manchmal braucht es nur einen kleinen Schubs und ein Schatz oder eine Ressource offenbart sich. Manchmal müssen wir auch etwas tiefer suchen. Es kommt auch schon einmal vor, dass Widerstände und Blockaden den Blick oder Zugriff auf die wertvollen Schätze versperren. Auch wenn es dann mitunter ein bisschen schwerer wird, lohnt es sich doch, diese Hindernisse zu überwinden. Seien Sie Ihr eigener Schatzsucher. Suchen Sie nach Ihren inneren Schätzen!

BEISPIEL

Ein Coaching-Klient hatte sich in seinem Leben bereits mehrere größere Ziele gesetzt. Es passierte ihm immer wieder, dass er schon am Anfang gleich wieder aufhörte, sie zu verfolgen. Wir arbeiteten im Coaching mit verschiedenen Fragen. Unter anderem fragte ich ihn: Waren das wirklich erstrebenswerte Ziele? Da er das ganz klar mit Ja beantwortete, stellte sich die Frage, warum er jeweils so schnell aufgab. Bei genauerer Schatzsuche bemerkte er, dass er sich ähnlich wie sein Vater verhielt, der bei der Verfolgung seiner Ziele oft gescheitert war und sehr schnell aufgegeben hatte. Er erlaubte sich selbst nicht zu wachsen und größer zu werden, deswegen wurden alle seine Ziele ebenfalls im Keim erstickt. Dies tat er aus Liebe und

Solidarität zu seinem Vater. Diese Erkenntnis war für ihn sehr wichtig, denn etwas blockierte ihn in seiner Zielerreichung. Das heißt, er trug eine Last, die liebevoll an ihren richtigen Platz abgestellt werden musste, damit er frei wurde, seine Ziele zu erreichen und dranzubleiben.

Unsere inneren Schätze finden wir oft nicht auf Anhieb und deshalb ist es wichtig, dass Sie sich nicht nur einmalig, sondern fortlaufend mir Ihrer Schatzsuche beschäftigen. Manche Reisen sind kürzerer Art, manche dagegen länger. Ausdauer lohnt sich!

Legen Sie sich Ihr persönliches Ziel-Tagebuch an. Es unterstützt Sie bei Ihrer Reise. Darin dokumentieren Sie Ergebnisse und Erkenntnisse aus den Übungen, wichtige Kraftquellen und persönliche Fortschritte. Viele Untersuchungen berichten von der Macht des geschriebenen Wortes und zeigen, dass Menschen, die ihre Ziele schriftlich fixieren, viel erfolgreicher in der Zielerreichung sind.

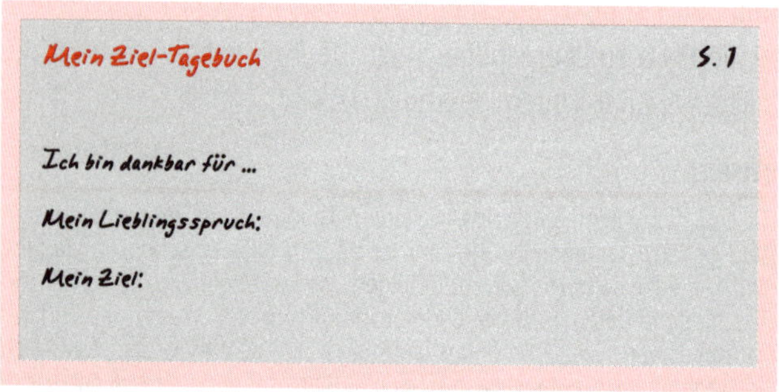

Ein Ziel-Tagebuch

Was ist Ihnen wichtig? Rollen und Werte

Was macht uns als Menschen aus? Wir nehmen verschiedene Rollen ein und richten uns nach unseren als wichtig empfundenen Werten und den sich daraus ergebenden Motivatoren aus.

Welche Rollen leben Sie und welche Werte sind Ihnen dabei wichtig? Zu wissen und zu reflektieren, was für Sie wichtig ist, hilft Ihnen, Ihr Ziel zu justieren und einen guten Werte- und Rollen-Fit zu erhalten. Wenn Ihr Ziel mit Ihren persönlichen Werten und Rollen im Einklang steht, vermeiden Sie inneren Widerstand.

Die drei Welten

Meistens gibt es in unserem Leben drei große Bereiche, in denen wir uns bewegen. Ich nenne sie die drei Welten:

1. die private Welt,
2. die Berufswelt und
3. die Familienwelt.

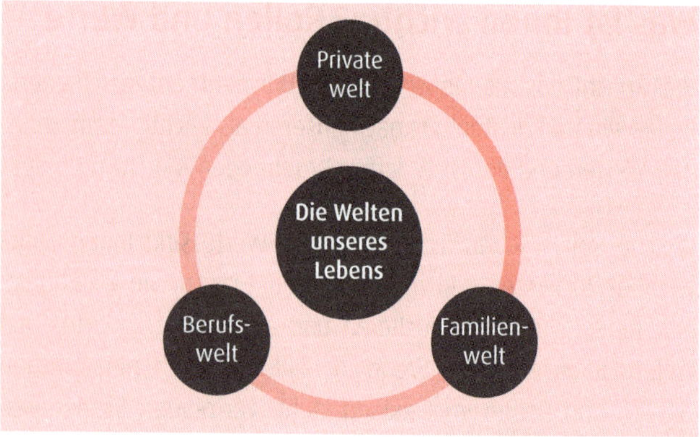

Die drei Welten

Zur privaten Welt gehören Freunde und Bekannte und alle Freizeit- und Sportaktivitäten. Zur Berufswelt gehört alles, was Ihre Arbeit oder berufliche Orientierung ausmacht, wie z. B. die Unternehmen, in denen Sie arbeiten und gearbeitet haben, ehemalige und aktuelle Kollegen und Vorgesetzte. Wenn Sie noch im Studium oder in der Ausbildung sind, zählt hierzu auch das universitäre Umfeld oder Ihre Schule und Ihr Ausbildungsbetrieb. Die Welt Nr. 3, in der Sie sich bewegen, ist die Familienwelt. Dazu gehören Ihre Herkunftsfamilie und Ihre Gegenwartsfamilie und alle damit verbundenen familiären Aktivitäten. In Ihre Herkunftsfamilie wurden Sie hinein geboren; Ihre Gegenwartsfamilie haben Sie frei gewählt.

Ihre Rollen

In jeder dieser Welten füllen wir bestimmte Rollen aus und diese Rollen können und sollten sogar je nach Welt auch unterschiedlich sein. Wichtig ist, dass Sie sich im Klaren darüber sind, welche Rollen Sie selbst betreffen.

Ein Beispiel:

Meine Rollen in der Berufswelt	Meine Rollen in der privaten Welt	Meine Rollen in der Familienwelt
▪ Angestellter. Drei Projekte. Vermittler bei Konflikten. ▪ Acht Kollegen im Team. Ein Vorgesetzter. Mittelgroße Organisation im Umbruch. Viele Veränderungen.	▪ Ein bester Freund. ▪ Sechs Freunde. ▪ Mitgliedschaft in zwei Verbänden und Vereinen. Mitglied in einem Netzwerk. Anlaufpunkt für Freunde.	▪ Vater von zwei Kindern. ▪ Ehemann. ▪ Bruder, Sohn, Cousin, Onkel und Enkel.

Übung: Meine Rollen

Zeichnen Sie entweder in Ihrem Ziel-Tagebuch oder auf einem DIN-A4-Blatt ein kleines Dreieck mit Ihren drei Welten und notieren Sie zu jeder davon Ihre jeweiligen Rollen.

Wie viele Rollen haben Sie? Sind Sie zufrieden mit ihnen? Wenn Sie Ihre drei Welten betrachten: Welche Welt nimmt den größten Raum ein? Wie zufrieden sind Sie damit? Wenn Ihnen Ihr nächstes Ziel schon klar ist: Wo ordnen Sie ihr Ziel ein? Welche

Welt/en betrifft Ihr Ziel? Lassen sich schon dessen Auswirkungen auf die jeweilige Welt erahnen?

Wenn Sie bereits ein Ziel haben, sollte dieses gut mit Ihren Welten und Ihren Rollen darin im Einklang stehen.

BEISPIEL

Wenn es Ihnen wichtig ist, Karriere zu machen, und Ihr Ziel z. B. ein Posten im Topmanagement ist, Sie zugleich jedoch großen Wert auf Ihre Familie legen, dann sollten Sie sich fragen, ob diese beiden Rollen sich gut ergänzen. Wie viel Raum wird jede Rolle einnehmen, wenn Sie Ihr Ziel erreicht haben? Wie viel Zeit werden Sie mit Ihrer Familie verbringen? Wie können beide Rollen gut im Einklang miteinander stehen?

Reflexion: Passt Ihr Ziel zu Ihren Rollen?

Mit dieser Übung erhalten Sie Klarheit über Ihre Rollen und wie sich Ihr Ziel dazu verhält. Wenn Sie momentan nur einen Wunsch und noch kein konkretes Ziel haben, überspringen Sie diese Übung zunächst.

Schreiben Sie Ihr Ziel auf einen Post-it-Zettel. Notieren Sie auf anderen Zetteln jeweils Ihre Rollen – jede Rolle auf ein extra Post-it. Kleben Sie die Zettel auf einen Tisch und betrachten Sie sie. Nehmen Sie wahr, ob sich das stimmig anfühlt.

BEISPIEL: MEIN ZIEL IST EIN HAUS IN DER TOSKANA

- Rolle Familie: Haus im Grünen schon immer mein Traum, liebe die Toskana. Pflege der Mutter, drei kleine Kinder, die in Frankfurt zuhause und verwurzelt sind. Partner mag Italien nicht. Lange Reisezeit in die Toskana.
- Rolle Beruf: Haus wäre nur am Wochenende nutzbar. Um es zu bezahlen, müsste ich viel mehr arbeiten.
- Rolle Privatwelt: Meine Freunde sind alle in Frankfurt und Umgebung. Würde meine Freunde in der wenigen Zeit, die ich habe, noch seltener sehen.

Ihre Werte

Nachdem wir einen Blick auf Ihre Rollen geworfen haben, lade ich Sie jetzt ein, sich mit Ihren Werten, also mit den Dingen, die Ihnen wertvoll und wichtig sind, zu befassen. Grundsätzlich kann man sagen, dass Werte solche Vorstellungen sind, die in einer Gesellschaft als wünschenswert und wichtig anerkannt werden. Wir Menschen erhalten unsere Wertvorstellungen durch Erziehung, Bildung und unsere persönlichen Lebenserfahrungen. Unsere Werte geben uns Orientierung und motivieren uns. Ein Wert ist also etwas, was Sie als erstrebenswert empfinden, was Sie positiv motiviert. Es gibt unzählige Werte, die zudem bei jedem Menschen unterschiedlich ausgeprägt sein können.

Sind Sie eher familienorientiert oder lieben Sie Ihre Freiheit über alles? Legen Sie besonderen Wert auf Gesundheit? Ist Ihnen Ihre Selbstverwirklichung besonders wichtig oder dass Sie anerkannt werden? Oder stehen Verantwortungsbewusstsein und Disziplin für Sie an erster Stelle? Was sind Ihre Werte? Mithilfe der folgenden Übung finden Sie heraus, welche Werte für Sie besonders wichtig und damit unverzichtbar sind.

Übung: Mein Wertekompass
Nehmen Sie sich etwas Zeit und überlegen Sie, welche neun Werte Sie als besonders wichtig für sich und Ihr Leben empfinden. Hilfreiche Fragen dazu:
Was ist Ihnen wichtig mit Blick auf Ihre drei Lebenswelten?
Wann empfinden Sie sich selbst als wichtig?
Woraus schöpfen Sie Ihr Selbstvertrauen?

Übung: Mein Wertekompass
Wann schätzen Sie sich selbst besonders oder wann sind Sie stolz auf sich?
Wenn Sie auf Ihre bisherigen Leistungen blicken: Was hat Sie besonders stolz und zufrieden gemacht?
Wie reagieren Sie unter Stress und Druck? Hier lohnt es sich genauer hinzusehen. Das Handeln in diesen Situationen kann entlarvend sein. Wir sind dann gezwungen, schnell und spontan zu reagieren, ohne lange nachzudenken. Meist treten dann unsere wahren Werte und Motivatoren in Erscheinung.

Werte sind immer auch vom Kontext abhängig, in dem wir uns gerade befinden und damit auch von den unterschiedlichen Welten, in denen wir uns bewegen.

Hier ein paar Beispiele:

Was ist mir wichtig ...	
... in der Berufswelt?	**Werte, die dahinter stehen:**
Karriere machen und etwas bewegen können	Leistung, Ehrgeiz, Aktivität, Kreativität, Sinn, Fleiß, Karriere
Viel Geld verdienen	Ansehen, Macht, Unabhängigkeit, Anerkennung, Geld
Persönliche Weiterentwicklung	Entwicklung, Wachstum, Zeitsouveränität, Entfaltung, Freiheit
Sinnvolles beitragen wollen	Sinn, Kollegialität, Teambewusstsein, Wertschätzung
... in der privaten Welt?	**Werte, die dahinter stehen**
Viel reisen	Lebensfreude, Neugier, Entdeckerlust, Abenteuer, Abwechslung
Zeit für mich haben	Entspannung, persönliches Wachstum, Ruhe, Entwicklung, Sinn

Was ist mir wichtig ...	
Menschen um mich haben, mit denen ich lachen kann	Freude, Geselligkeit, Freundschaft
... in der Familienwelt?	**Werte, die dahinter stehen**
Menschen, denen ich vertrauen kann	Vertrauen, Loyalität, Familie, Geborgenheit, Treue, Zuverlässigkeit
Eine Familie gründen	Bedeutung, Sinn, Familie, Häuslichkeit, Harmonie, Glück
Familie zusammenhalten	Tradition, Rückhalt, Familienbande, Liebe

Jetzt sind Sie dran: Welche Werte spielen in Ihren jeweiligen Welten für Sie eine Rolle? Schreiben Sie die neun maßgeblichen Werte auf. Haben Sie Ihren Wertekanon visualisiert, geht es nun darum, die Werte zu kalibrieren.

Übung: Werte kalibrieren

Stellen Sie sich vor, Sie sitzen in einem Flugzeug, das abzustürzen droht. Der Pilot kann das Flugzeug unter gewissen Bedingungen notlanden.

- Da er auf dem Meer notlanden muss, brauchen Sie Schwimmwesten. Diese erhalten Sie allerdings nur, wenn Sie drei Ihrer neun Werte abgeben. Streichen Sie drei Werte von Ihrer Liste, von denen Sie sich am ehesten trennen wollen.
- Plötzlich wird die Sauerstoffzufuhr weniger. Um Sauerstoffmasken zu erhalten und wieder gut mit Sauerstoff versorgt zu werden, müssen Sie sich erneut von zwei Ihrer Werte trennen. Streichen Sie also zwei weitere Werte von der Liste.
- Die Landung auf dem Meer hat geklappt und Rettung ist in Sicht. Um Zugang zur Wasserrutsche zu erhalten, müssen Sie noch einen Ihrer Werte abgeben. Streichen Sie ihn von Ihrer Liste.

Übung: Werte kalibrieren

Jetzt bleiben noch drei Werte, Ihre wichtigsten drei Werte, übrig. Sind Sie überrascht, welche das sind? Ergänzen sich diese Werte? Wie viel Raum und Zeit bekommt jeder Ihrer wichtigsten Werte?

Wenn Sie sich ein Ziel setzen, dann sollte das auch mit Ihren Werten im Einklang sein. Denn Werte haben einen sehr starken Einfluss auf uns und unsere Entscheidungen. Sie wirken bewusst und unbewusst auf uns und haben damit eine große Kraft. Es gilt, mit dieser Kraft zu schwimmen und nicht dagegen anzurudern. Manchmal merken wir es nicht, wenn wir gegen den Strom schwimmen. In solchen Fällen ist es schwer oder nahezu unmöglich, das gesetzte Ziel zu erreichen.

BEISPIEL

Mal angenommen, Ihr Ziel ist es, Abteilungs- oder Teamleiterin zu werden. Sie strengen sich sehr an und geben alles für Ihr Ziel. Sie merken gar nicht, dass die Unternehmenskultur und die -werte nicht zu Ihren wichtigen Werten passen. Sie selbst sind an Stabilität interessiert, strukturiert, sehr pflichtbewusst und benötigen klare Ansagen und eine enge Führung. Ihr Unternehmen ist ein größeres Start-up mit flachen Hierarchien, wenig Struktur und eher chaotischem, wenngleich innovativem Vorgehen. In dieser Firma werden Sie nicht aufblühen, auch wenn Sie sich noch so anstrengen. Erst wenn Sie Ihre Werte (Struktur, Pflichtbewusstsein etc.) erkennen und anerkennen, können Sie sich ein Umfeld suchen, in dem Sie sie auch leben können.

Steht Ihr Leben in den drei Welten aktuell im Einklang mit Ihren Werten? Herausfinden können Sie das mit dem sog. Wertebarometer.

Reflexion mit dem Wertebarometer

Stellen Sie sich ein Barometer vor (siehe Abbildung). Gehen Sie anhand dieses Barometers jeden Ihrer Top-3-Werte daraufhin durch, wie die Stimmung bei Ihnen dazu ist.

- Ist sie im positiven Bereich, scheint also die Sonne, weil dieser Wert eine gute Beachtung in Ihrem Leben findet und Sie sich wohlfühlen?
- Oder wird es gerade ganz trüb und regnerisch, weil der Wert kaum Raum findet und eher verkümmert?
- Oder sehen Sie die Verwirklichung Ihres Wertes weder positiv noch negativ, also eher neutral?

Wie zufrieden sind Sie damit? Wollen Sie etwas ändern und, wenn ja, was genau?

Das Wertebarometer

Ihre Stärken und Schwächen

Sich neue Ziele zu setzen und unbekannte Wege zu gehen, verlangt Ihnen einiges ab. Ungewohntes fordert uns heraus. Sie werden, je nachdem, wie groß Ihr Ziel ist, Ihre Komfortzone,

Ihre Sicherheitszone, verlassen müssen, um es zu erreichen. In solchen Situationen ist es ganz gut zu wissen, wo unsere Stärken und Schwächen liegen. Unsere Stärken können uns unterstützen und Energie spenden, wenn es mal anstrengend wird. Und wenn wir wissen, was uns schwächt, können wir uns entsprechend ausrichten, um nicht zu viel Energie zu verlieren und wieder aufzutanken.

Jeder Mensch hat Stärken und Schwächen. Sie können in ihrer Ausprägung ganz unterschiedlich sein, genauso verschieden, wie wir Menschen es sind. Je bewusster Ihnen Ihre Stärken und Schwächen sind, desto besser gelingt es Ihnen, die Herausforderungen auf dem Weg zu Ihrem Ziel zu meistern. Im Folgenden stelle ich Ihnen ein paar Tools vor, mit denen Sie sich Ihre Stärken und Schwächen vor Augen führen können. Eines davon ist die sog. vierdimensionale Kraftfeldanalyse.

Ihre eigene vierdimensionale Kraftfeldanalyse

Ein Kraftfeld ist ein Feld, welches Kräfte beinhaltet, die entweder auf Ihr Ziel hintreiben und es unterstützen, oder die blockierend wirken und das Erreichen des Ziels eher verhindern. Analysieren Sie Ihr eigenes Kraftfeld: Welche Kräfte spielen bei Ihnen eine Rolle? Was stärkt Sie; was ist eine Kraftquelle für Sie? Was schwächt Sie und was raubt Ihnen Kraft?

Übung: Meine Kraftfeldanalyse

Schreiben Sie Ihre Erkenntnisse in Ihr Ziel-Tagebuch oder auf ein DIN-A4-Blatt, am besten nach der folgenden Struktur. Zögern Sie nicht, auch auf den ersten Blick unwesentliche Dinge zu notieren. Oft sehen wir unsere Stärken als nicht wirklich bedeutend an, weil vieles, in dem wir gut sind, uns leichtfällt und wir uns nicht so anstrengen müssen.

Kraftfeldanalyse	
Meine Stärken	**Meine Kraftquellen**
▪ Wo bin ich in meiner Kraft, also stark und kraftvoll? ▪ Was kann ich gut? ▪ Was fällt mir leicht? ▪ Welche Stärken sehen andere in mir, z. B. Freunde, Familienangehörige, Kollegen?	▪ Was gibt mir Kraft? ▪ Womit kann ich auftanken? ▪ Was gibt mir Energie? ▪ Was hebt meine Laune schnell?
Meine Schwächen	**Meine Kraftträuber**
▪ Was kann ich gar nicht gut? ▪ Was kostet mich sehr viel Anstrengung? ▪ Was liegt mir gar nicht? ▪ Was fällt mir sehr schwer?	▪ Was raubt mir Kraft? ▪ Was laugt mich aus? ▪ Was nimmt mir viel Energie? ▪ Was senkt meine Laune sehr schnell?

Sie haben nun einen guten Überblick über Ihre Stärken und Schwächen. Wie zufrieden sind Sie mit Ihren Erkenntnissen? Gab es Überraschungen? Versuchen Sie in Ihrem Leben diejenigen Situationen zu vermehren, in denen Sie in Ihrer Stärke sind und welche Ihnen Kraft und Energie geben. Vielleicht gelingt es Ihnen auch, Situationen zu vermeiden oder zu minimieren, die Sie schwächen und Ihnen Energie rauben. Schätzen Sie sich selbst und seien Sie es sich wert, Energieräuber soweit wie möglich zu meiden und inspirierende Kraftquellen zu mehren.

> Um Ihr Ziel zu erreichen, brauchen Sie positive Energie, einen kraftvollen Zustand und gute Laune, die Sie motiviert. Dann wirken Sie wie ein Magnet, der sein Ziel kraftvoll anzieht.

Wie aus Schwächen Stärken werden

Bei Ihrer Kraftfeldanalyse haben Sie auch Schwächen definiert. Jeder Mensch hat Schwächen. Allerdings ist es oft eine Frage der Perspektive, ob eine Schwäche wirklich nur etwas Negatives beinhaltet oder nicht auch etwas Gutes in sich birgt.

Versuchen Sie die Perspektive zu wechseln und überlegen Sie sich, welche Stärke in einer von Ihnen identifizierten Schwäche liegen könnte. Vielleicht kann Ihnen diese vermeintliche Schwäche sogar bei Ihrer Zielerreichung helfen? Wenn Ihnen diese Reflexion schwerfällt, fragen Sie am besten eine Ihnen nahestehende Person.

BEISPIELE

- Vermeintliche Schwäche: Ungeduld. Mögliche Stärken darin: Weiterkommen wollen. Etwas bewegen wollen.
- Vermeintliche Schwäche: Kann schwer Gefühle zeigen. Mögliche Stärke darin: Dosiere meine Energie gut und wohlbesonnen.
- Vermeintliche Schwäche: Bin stur. Mögliche Stärke darin: Kann gut auf meiner Meinung bestehen und auch Nein sagen.

Jeden Tag Energie aus kraftvollen Situationen ziehen

Je positiver Sie in den Tag starten, desto leichter gelingen Ihnen Ihre täglichen Vorhaben. Aktivieren Sie dazu gleich am Morgen, noch bevor Sie aufstehen, positive Kräfte. Das gelingt mit dieser Übung.

Übung: Carpe Diem

Sie liegen noch gemütlich im Bett. Stellen Sie sich eine beglückende Situation vor, die Ihnen Energie gibt, bei der Sie kurz auftanken können. Rufen Sie sich die Situation mit allen Sinnen in Ihr Bewusstsein. Beispiele: Im Sommer am See liegen und entspannen, die Wärme auf der Haut genießen und den Duft des Sommers einatmen; nach dem anstrengenden Bergaufstieg den Blick vom Gipfel aus genießen; ausgelassen mit den Kindern spielen; das Glück spüren, wenn der Fußballverein gewinnt.

Ihre Erfolge: Was haben Sie bisher erreicht?

Wenn wir uns ein neues Ziel setzen, ist es wichtig, dass wir uns darauf konzentrieren, dass wir es wirklich wollen und uns entsprechend anstrengen. Nur ganz selten fliegen uns die Dinge einfach so zu. Von nichts kommt nichts – dieser Spruch ist so profan wie wahr. Aber nicht nur unser Wille, etwas bewegen zu wollen, und unsere Bemühungen, dorthin zu gelangen, sind entscheidend. Genauso wichtig sind unsere innere Haltung und Einstellungen. Fühle ich mich als Versager, dem nichts zusteht? Oder sehe ich mich als nicht gut genug an? Zweifle ich an meinem Ziel? All diese Gedanken erschweren Ihnen die Zielerreichung. Aktuelle Studien besagen, dass es umso schwieriger ist, unsere Ziele auch wirklich zu erreichen. wenn wir ganz unzufrieden mit uns selbst sind.

Die gute Nachricht ist: Wir können an unserer Einstellung arbeiten und sie ins Positive transformieren. Das gelingt am besten, wenn Sie sich Ihre persönlichen Erfolge vor Augen führen. Was haben Sie bisher erreicht? Hier geht es nicht etwa darum, nur große Errungenschaften zu feiern, sondern auf Ihre vielen kleineren Erfolge zurückzublicken und sie wertzuschätzen.

Übung: Meine persönlichen Erfolge

Welche persönlichen Erfolge hatten Sie in den letzten zehn oder auch 20 Jahren? Notieren Sie für jedes Jahr mindestens eine Erfolgsgeschichte in Stichworten oder malen Sie ein Bild dazu in Ihr Ziel-Tagebuch. Am Ende sollten darin mindestens 20 kleinere oder größere Erfolgsgeschichten stehen. Wenn Ihnen nichts mehr einfällt, fragen Sie einen guten Freund oder eine andere Ihnen nahestehende Person, welche Erfolgsgeschichte ihr zu Ihnen in den Sinn kommt.

Ihr Leben war in letzter Zeit nicht auf Erfolgskurs? Lassen Sie sich davon nicht beeinträchtigen. Es gibt sicherlich dennoch bestimmt gewisse Erfolge bei Ihnen zu verzeichnen. Finden Sie Kleinigkeiten, die gut gelaufen sind oder für die Sie trotz der schwierigen Situation dankbar sein können.

Sie können auch das Weltenmodell zur Kategorisierung Ihrer Erfolge in der Berufs-, Familien- und Privatwelt nutzen (siehe hierzu das Kapitel »Was ist Ihnen wichtig? Rollen und Werte«).

BEISPIEL

Schulische/berufliche Erfolge: Sehr guter Schulabschluss, guter Ausbildungs-/Studienabschluss. Weiterbildung absolviert. Nicht aufgegeben trotz Kündigung. Erfolgreich neue Programmiersprache gelernt.

Familiäre Erfolge: Glückliche langjährige Beziehung und zwei tolle Kinder.

Private Erfolge: Drei enge Freundschaften seit über 20 Jahren. Erfolgreiche Netzwerkerin. Halbmarathon gelaufen. 3 Kilo abgenommen. Position als Vereinsschatzmeisterin.

Wichtig ist, dass wir uns unsere kleinen und großen Erfolge immer wieder bewusst machen. Oft nehmen wir die Dinge, die wir erreicht haben, einfach hin und wertschätzen uns nicht gebührend dafür. Nicht nur derjenige verdient Wertschätzung, der die Welt rettet, ein Vermögen anhäuft oder Topmanager ist. Es gibt so viele Erfolge, für die man sich selbst feiern kann. Feiern Sie sich selbst. Sie sind großartig und haben schon vieles gemeistert.

Wir umgeben uns gerne mit Menschen, die erfolgreich sind. Sie haben eine gewisse Anziehungskraft auf uns. Diese Anziehungskraft können Sie auch ausstrahlen: Machen Sie sich Ihre Erfolge bewusst und Ihre Anziehungskraft wird sich erhöhen. Und das hat auch gute Auswirkungen auf Ihr künftiges Ziel. Ihr Ziel ist reizvoll für Sie und auch Sie sollten reizvoll und anziehend für Ihr Ziel sein. Das werden Sie umso mehr, wenn Sie sich in einer positiven Energie befinden und eine gute Ausstrahlung haben. Also: Feiern Sie Ihre Erfolge!

Ihr prägendes Netzwerk

Als Neugeborene sind wir bedürftig; wir sind, um zu überleben, auf Menschen angewiesen, die sich um uns kümmern. Aber auch, wenn wir heranwachsen und irgendwann auf eigenen Beinen stehen, brauchen wir andere Menschen. Ein elementares Grundbedürfnis, das das Leben eines Menschen prägt, ist Verbundenheit – Verbundenheit und das In-Beziehung-Treten mit anderen.

Unterstützer und Mentoren

Andere Menschen begleiten und unterstützen uns auf unserem Weg. Sie sind wichtig, wenn es darum geht, zu neuen Ufern aufzubrechen und neue Ziele zu verfolgen. Denn sie geben uns die Sicherheit und bilden das Netz und den doppelten Boden, wenn wir mal auf der Strecke zum Ziel ins Straucheln oder gar Fallen kommen.

In all den Jahren hat sich sicher um Sie herum ein Netzwerk gewoben, das aus Menschen in der Familien-, in der Berufs- und Ausbildungswelt und in Ihrer Privatwelt besteht. Mit der folgenden Übung führen Sie sich vor Augen, wer in Ihrem Leben wichtig ist, wer Ihnen Halt und Hilfestellung gegeben oder Sie in Ihrer Entwicklung positiv beeinflusst hat.

Übung: Mein Netzwerk

Machen Sie je drei Spalten, für jede Welt eine. Und nun überlegen Sie, wer Ihnen auf Ihrem Lebensweg bedeutende Dinge mitgegeben hat. War es eine Lehrerin, die Sie besonders gefördert hat? Oder ein Freund, der in guten wie in schlechten Zeiten immer für Sie da war? Hatten Sie einen Vorgesetzten, der Sie wie ein Mentor unterstützt hat? Gibt es jemanden in der Familie, der immer an Sie geglaubt hat? Oder hat Ihnen jemand einmal mit einer vermeintlichen Kleinigkeit geholfen, die jedoch eine große Bedeutung für Sie hatte?

BEISPIEL

Als Mädchen war das Tanzen meine große Leidenschaft und ich wollte es unbedingt zu meinem Beruf machen. In Ludwigshafen am Rhein, wo ich aufgewachsen bin, war Ballett nicht en vogue. Die Stadt lebte damals wie heute größtenteils von der BASF als Arbeitgeber und war eher bodenständig als kreativ geprägt. Als ich neun Jahre war, suchte ich mir mit zwei Freundinnen zusammen eine Ballettschule und fing an zu tanzen. Mein damaliger Ballettlehrer hat an mein Talent geglaubt und mich gefördert und gefordert. Er hatte gute Verbindungen zum Theater und zu Tanzkompanien. Er stellte mir Tänzer vor und ich konnte von den Besten lernen. Mein Lehrer war immer für mich da und hatte ein großes Herz. Er schickte mich an die Ballettakademie. Dort wurde ich aufgenommen und konnte meinen weiteren Weg gehen. Ohne das Netzwerk meines Ballettlehrers und seinen »Glauben« an mich hätte ich das alles nicht geschafft. Er war einer meiner wichtigen Mentoren.

Wer hat Sie unterstützt?

Von Vorbildern lernen

Unsere Vorbilder können uns bei der Reise zu unserem Ziel Orientierung geben und uns auch anspornen, es zu erreichen. Sie verkörpern etwas, was wir bewundern und als erstrebenswert empfinden. Wir verbinden positive Emotionen mit ihnen. Welche Vorbilder haben oder hatten Sie? Wen bewundern Sie, wer hat Sie inspiriert? Beschäftigen Sie sich in einer ruhigen Minute mit einem dieser Vorbilder. Was inspiriert Sie an dieser Person? Inwieweit gibt Ihnen Ihr Vorbild Orientierung? Welche positiven Eigenschaften schätzen Sie besonders an ihm? Notieren Sie alles, was Ihnen dazu einfällt, in einer Liste in Ihrem Ziel-Tagebuch.

Und jetzt lade ich Sie zum Perspektivenwechsel ein: Welche von diesen Eigenschaften haben Sie selbst? Im Ansatz? In der Entwicklung? Ein klein wenig? Notieren Sie auch die Antworten darauf in Ihr Ziel-Tagebuch. Sie haben bestimmt schon einiges selbst vorzuweisen, was Ihr Idol für Sie zum Vorbild macht.

Wir suchen uns Idole und Vorbilder, weil wir etwas an ihnen erstrebenswert finden. Etwas schwingt in Ihnen und Ihrem Vorbild gemeinsam, sonst würden Sie diese Person nicht so bewundern. In Resonanz können wir nämlich nur mit jemandem gehen, der in seinen Wesenszügen auf einen nahrhaften Boden bei uns selbst trifft. Schreiben Sie diese Eigenschaften unbedingt in Ihr Ziel-Tagebuch! So stärken Sie noch weiter Ihre Stärken.

Ihr Status quo: Standortbestimmung mit dem Lebensbaum

Sie stehen am Beginn Ihrer Reise zum Ziel. Bevor Sie sich nun auf den Weg machen, lohnt es sich, Ihren derzeitigen Status quo zu visualisieren. Dadurch lernen sich besser kennen und können auch prüfen, ob Sie sich in Richtung Ihres Zieles entwickeln. Sie finden heraus, was hilfreich ist, um Hindernisse zu überwinden.

Der sog. Lebensbaum unterstützt Sie dabei, eine persönliche Standortbestimmung vorzunehmen. Er hilft Ihnen in Zeiten, in denen Veränderungen anstehen – was auf dem Weg zu neuen Zielen so gut wie sicher ist. Der Baum ist eine Metapher für die eigene Lebenssituation, wobei der Fokus hier sowohl auf beruflichen wie auf privaten Themen liegen kann.

Als eine Art kreatives Coaching-Tool bietet der Lebensbaum Ihnen sehr viel Raum, um sich Persönliches, Ideen und Kraftquellen bewusst zu machen, die oftmals in unserem Unterbewusstsein vergraben sind.

So geht's: Legen Sie sich ein großes Blatt Papier und farbige Stifte zurecht. Zeichnen Sie einen Baum, der folgende Elemente enthält, und tragen Sie alle Begriffe, die Ihnen zu den einzelnen Elementen einfallen, an der jeweiligen Stelle ein.

- **Standort:** In welcher Umgebung steht Ihr Baum? Assoziation: Nahrung, Klima. Mögliche Fragen: Bin ich am richtigen Platz? Lebe ich in einem freundlichen oder eher in einem rauen Klima? Bekomme ich die »Nahrung«, die ich brauche?
- **Wurzeln:** Womit ist Ihr Baum verbunden? Wie tief, wie fest wurzelt er in der Erde? Assoziation: Ressourcen. Mögliche Fragen: Was sind meine Kraftquellen? Woraus ziehe ich mein Selbstbewusstsein? Was tut mir gut? Woher komme ich?

- **Stamm:** Wie stabil fühlt sich Ihr Status quo an? Assoziation: Ist-Zustand. Mögliche Fragen: Wo stehe ich heute? Was macht meine momentane Situation aus?
- **Krone:** Wie entfalte ich mich? Assoziation: Wachstum. Mögliche Fragen: Woran möchte ich arbeiten? Welche Ziele habe ich? Welche Träume oder verrückte Ideen habe ich insgeheim?
- **Früchte:** Tragen meine Bemühungen schon Früchte oder zumindest Knospen oder Blüten? Assoziation: Ergebnisse. Mögliche Fragen: Was möchte ich ernten? Was möchte ich einmal weitergeben?
- **Würmchen:** Was hindert Sie am Wachsen? Würmer und ähnliche Parasiten können überall im Baum auftreten. Assoziation: Hindernisse, Hürden. Mögliche Fragen: Was nagt an mir? Was nimmt mir Kraft? Von wem brauche ich noch das Einverständnis?

www.susannenickel.com
mobil 0176 101 201 86
Du erreichst dein Ziel
HAUFE.

Gute-Nacht-Gebet für Durchstarter

1 Kurz vor dem Einschlafen schließt du deine Augen und stellst dir vor, dass du dein Ziel erreicht hast.

2 Was nimmst du wahr? Was siehst du?
Was bemerkst du Positives? (Hören, riechen, spüren?)

3 Jetzt sei bitte dankbar, für die Kleinigkeiten, die heute schon gut gelaufen sind.

Foto: Jurga Graf | www.photo-graf.de

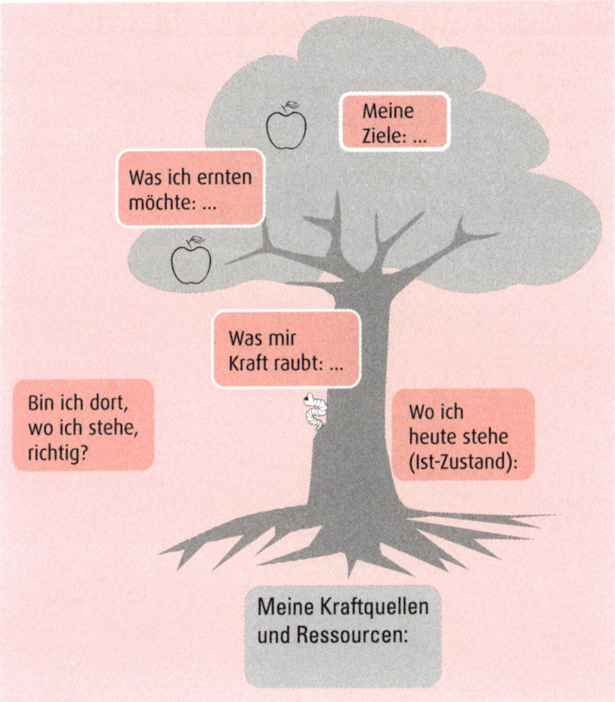

Der Lebensbaum

Lassen Sie sich Zeit mit dem Ausfüllen und nehmen Sie den Baum immer wieder zur Hand, um ihn weiter zu gestalten. Ist die Arbeit daran fortgeschritten, ist es nicht unwahrscheinlich, dass Sie staunen, wie prächtig der Baum ist und welche Fülle er aufweist. Lassen Sie Ihren Lebensbaum zum ständigen Begleiter auf Ihrer Reise zum Ziel werden.

Auf einen Blick: Der Weg zum Ziel beginnt bei Ihnen selbst

- Was macht mich aus und wo stehe ich gerade? Diese Fragen sollten Sie sich stellen, bevor Sie sich auf die Reise zu einem Ziel machen.
- Nur wer sich selbst richtig einschätzt, kann sich sicher sein, dass er das Ziel auch erreichen kann. Dazu gehört es auch, seine Ressourcen, seine Stärken und Schwächen zu kennen. Und gut ist auch zu wissen, welche Rollen und Werte Ihnen wichtig sind.
- Unterstützer und Mentoren sind wichtig, wenn es darum geht, zu neuen Ufern aufzubrechen. Wer fängt Sie auf, wenn es mal schwierig wird?

Wie Sie Ihr Ziel finden und festlegen

Nur derjenige, der genau weiß, wohin er will, kann in die richtige Richtung laufen. Bevor es losgeht, sollten Sie also erst einmal herausfinden, was Sie wirklich wollen und wie Sie diesen Wunsch als konkretes Ziel formulieren. Wohin soll Ihre Reise gehen?

In diesem Kapitel erfahren Sie u. a.,

- wie Sie aus Ihren Visionen und Wünschen konkrete Ziele machen,
- wie Sie Ihre Ziele so festlegen, dass Sie sie auch erreichen,
- welche Modelle und Techniken Ihnen bei der Zielsetzung helfen.

Was ist ein gutes Ziel?

BEISPIELE

»Ich würde gerne ein paar Kilo abnehmen.«

»Ich möchte mich beruflich weiterentwickeln.«

»Ich will mal später mit meiner Familie in einem Haus wohnen.«

Was meinen Sie: Sind das Ziele? In jedem Fall sind es drei verschiedene Aussagen, die den drei verschiedenen Welten, der Berufswelt, Privatwelt und der Familienwelt, zugeordnet werden können. Doch was zeichnet ein richtiges Ziel aus?

Ein Ziel ist ein konkretes und messbares Ereignis in der Zukunft, welches sich zu einem bestimmten Zeitpunkt verwirklicht bzw. verwirklichen kann. Je konkreter es formuliert ist, desto besser. Wichtig ist, dass es klar erfassbar ist, denn alles andere ist schwer für Sie und auch für Ihr Unterbewusstsein greifbar und damit auch schwer umsetzbar.

BEISPIEL

Ein Mann sagt zu seiner Partnerin: »Irgendwann heirate ich dich mal.« Hier sind wir uns einig, dass diese Aussage nicht konkret ist – und sicher nicht für große Freude sorgen wird, falls sie auf einen Antrag wartet und die Ehe ein erstrebenswertes Ziel ist.

Gehen Sie eine Verpflichtung mit sich selbst ein

Nur wenn ich weiß, wohin ich genau will, kann ich mich auf den Weg machen. Es geht darum, das Ziel so greifbar wie möglich zu machen, damit Sie sich selbst darauf verpflichten und einen Vertrag mit sich selbst eingehen können. Wie jeder andere Vertrag hat auch dieser Kontrakt über die Zielerreichung notwendige Vertragsbestandteile. In Ihrem Vertrag beschreiben Sie ganz genau Ihr Ziel und wie Sie dahin kommen. Damit er umgesetzt werden kann, muss das darin festgelegte Ziel SMART sein:

- **S**pezifisch: ganz konkret,
- **M**essbar: anhand objektiver Kriterien überprüfbar,
- **A**ttraktiv: interessant und anziehend für Sie,
- **R**ealistisch: nicht total abwegig,
- **T**erminiert: zeitlich nachvollziehbar.

Kommen wir zurück auf das Abnehm-Beispiel: »Ich möchte ein paar Kilos abnehmen.« Was fällt Ihnen auf, wenn Sie diesen Satz mit den Kriterien für Ziele vergleichen? Genau! Das Ziel ist nicht konkret und nicht terminiert. Wie viele Kilos sollen weg? Oder besser noch: Welches Endgewicht soll die Waage anzeigen? Innerhalb welchen Zeitraums sollen die Kilos purzeln? Sie sehen: Der Satz oben enthält kein Ziel, sondern eher einen allgemeinen Vorsatz oder Wunsch.

Ein nach der SMART-Formel definiertes Ziel sähe so aus: »Am (genaues Datum), also in drei Monaten, wiege ich 62 Kilo (drei Kilo weniger als heute).« Jetzt fällt Ihnen sicher auch gleich auf, dass die beiden anderen Aussagen zur Weiterentwicklung und zum eigenen Haus auch nicht konkret genug sind. Es handelt sich dabei eher um ein Bedürfnis (berufliche Weiterentwicklung) bzw. um einen Wunsch (in einem eigenen Haus leben).

BEISPIEL

Um die überflüssigen Pfunde loszuwerden und so das konkrete Zielgewicht zu erreichen, stelle ich in Woche 1 meinen Ernährungsplan um und lege fest, dass ich jeden Tag 30 Minuten Sport mache usw.

Um in die Umsetzung zu gehen, müssen wir wissen, was konkret zu tun ist. Schritt für Schritt können wir dann Etappenziele festlegen. Die Konkretisierung hat aber noch einen anderen Grund: Wir richten uns damit nicht nur bewusst, sondern auch unbewusst auf unser Ziel aus. Auch unser Unterbewusstsein – korrekter Weise: unser Unbewusstes – benötigt klare Ansagen, damit es uns bestmöglich bei der Zielerreichung unterstützen kann.

> Psychologen sprechen vom Unbewussten. Da die Begriffe »Unterbewusstes« bzw. »Unterbewusstsein« aber den meisten vertrauter sind, nutze ich im Folgenden diese Ausdrücke.

Fassen Sie Ihr Ziel so eng und konkret wie möglich

Es gilt, unseren Zielzustand zunächst so eng und konkret wie möglich zu fassen. Lockern können Sie die Definition dann immer noch.

Welches Ziel haben Sie? Geht es Ihnen um ein kleines Ziel? Ein Kilo abnehmen oder 5 Minuten am Tag für sich ganz alleine nutzen? Einmal die Woche 30 Minuten Sport machen? Sich einmal im Monat wirklich um einen nahen Angehörigen kümmern? Oder wollen Sie Größeres erreichen? Abteilungs- oder Teamleiter werden? Sich selbstständig machen? Monatlich 500 Euro mehr verdienen? Wohnungs- oder Hauseigentümer werden? Ein neues Auto kaufen? Den Traumpartner finden? Was auch immer für Sie erstrebenswert ist, jetzt ist es an der Zeit, Ihr Ziel konkret zu formulieren.

1. Tragen Sie das Ziel in Ihr Ziel-Tagebuch ein: Mein Ziel ist: ....
2. Überprüfen Sie Ihr Ziel anhand der SMART-Formel.

Und wie geht es Ihnen, wenn Sie es aufschreiben? Sind Sie guter Laune? Lächeln Sie? Das ist gut, denn dann scheint Ihr Ziel auch anziehend für Sie zu sein. Wenn es Ihnen noch schwerfällt, Ihr Ziel konkret zu formulieren, dann lesen Sie weiter im Kapitel »Wie aus Wünschen Ziele werden«.

BEISPIEL

Alle Ziele, die ich in meinem Leben erreichen wollte, und auch erreicht habe, bin ich so angegangen. Zum Beispiel: Speaker werden. Balletttänzerin werden. Meinen Traummann finden und heiraten. Dann gehört natürlich noch ein wenig mehr dazu: Ihr unerschütterlicher Wille durchzuhalten, auch wenn es anstrengend wird. Ihr Glaube an sich selbst. Und auch das Loslassen – alles zu seiner Zeit. Sie werden sehen, die Erfüllung wird sich auch bei Ihnen einstellen. Und keine Sorge, Sie müssen nicht alles alleine stemmen. Hilfe und Unterstützung sind unterwegs, vielleicht in Form dieses Taschen-Guides oder in Gestalt eines Menschen, der Ihnen hilft.

Wie aus Wünschen Ziele werden

Wenn Sie einfach mal träumen, was wünschen Sie sich dann? Trauen Sie sich ruhig, groß zu denken und sich ganz Ihrem Wunsch hinzugeben. Hätten Sie gerne viel mehr Geld oder ein neues Haus? Oder einen ganz anderen Job?

Wenn es mehrere Wünsche sind, dann priorisieren Sie diese. Was ist Ihnen momentan am wichtigsten? Entscheiden Sie sich aus dem Bauch heraus.

Übung: Mein Wunschkonzert

Nehmen Sie Ihr Ziel-Tagebuch zur Hand und schreiben Sie Ihre Top 10 der Wünsche auf. Wenn es nur fünf sind, ist das auch in Ordnung. Meine Wünsche sind: ...

Suchen Sie sich aus dieser Wunschliste denjenigen Wunsch heraus, der Ihnen momentan am wichtigsten ist. Welcher ist besonders anziehend? Welcher Wunsch spielt die erste Geige?

Beschreiben Sie ihn detailliert und klar verständlich: »Ich will …« Dann stellen Sie sich die folgenden Fragen und notieren Sie Ihre Antworten dazu.

Ich will …	
Kopf	Ihre Gedanken zu Ihrem Wunsch: Welche positiven Gedanken kommen Ihnen? Welche Gedanken verbinden Sie mit Ihrem Wunsch? Welche Assoziationen fallen Ihnen dazu ein?
Herz	Ihre Gefühle zu Ihrem Wunsch: Welche Gefühle kommen, wenn Sie ganz bei Ihrem Wunsch sind? Machen Sie eine kleine Reise in die Zukunft: Wie fühlen Sie sich, wenn der Wunsch erfüllt ist?
Hand	Ihre Handlungen und Taten im Hinblick auf Ihren Wunsch: Was ist noch zu tun, damit sich Ihr Wunsch erfüllen kann? Welche Taten verbinden Sie mit ihm? Zeitreise: Was machen Sie anders, wenn Ihr Wunsch erfüllt ist? Und was möchten Sie dann noch tun und erleben?

Eine weitere Frage, die Ihnen dabei hilft, Ihren Wünschen auf die Spur zu kommen, ist: Was würden Sie tun, wenn Sie keine Angst hätten? Über diese Frage lässt sich herausfinden, welche Wünsche und Bedürfnisse in Ihnen schlummern, um daraus dann ein machbares Ziel zu definieren und umzusetzen. Schreiben Sie die Antwort darauf in Ihr Ziel-Tagebuch.

BEISPIEL

Einer meiner Coaching-Klienten, ein sehr erfolgreicher Wirtschaftsingenieur, der in einem IT-Unternehmen arbeitete, antwortete auf diese Frage: Wenn er keine Angst hätte, würde er seinen Job an die Wand hängen und in den Alpen eine Berghütte eröffnen. Dahinter stand sein Bedürfnis, mehr Zeit in der Natur zu verbringen. Er liebte es, auf Berge zu steigen, ein Hobby, das in seinem 60-Stunden-Job einfach zu kurz kam. Er wollte mehr mit der Natur verbunden sein, die Kraft der Berge spüren und sich auch freier fühlen. Diesen Wünschen entsprechend arbeiteten wir das Ziel heraus, seine Arbeitszeit auf eine Vier-Tage-Woche zu reduzieren, um mehr Zeit in den Bergen verbringen zu können. Er hatte sich einen Plan gemacht, wie er dies erreichen konnte: Er fand einen Kollegen, der gewillt war, seine Arbeitszeit aufzustocken und einen Arbeitstag von ihm zu übernehmen. Diesen Plan machte er seinem Chef schmackhaft, der sich darauf auch einließ. Mein Coachee konnte nach diesen Änderungen seinen Wunsch leben und gleichzeitig seinen Job weiterhin sehr gut ausfüllen, wenn nicht sogar noch besser. Sein Chef und er waren damit überaus zufrieden.

Welche Bedürfnisse stecken hinter Ihren Wünschen?

Wir haben nicht einfach so Wünsche. Hinter dem, was wir begehren, was wir uns wünschen, stehen immer auch elementare Bedürfnisse, die befriedigt werden wollen. Oft sind uns diese Bedürfnisse nicht so bewusst.

Es ist wichtig zu verstehen, welche Essenz und welche Bedürfnisse hinter Ihrem Wunsch stehen.

BEISPIEL

Sie wollen nicht eine neue Wohnung um der neuen Wohnung willen, sondern wahrscheinlich versprechen Sie sich davon, dass Ihr Bedürfnis nach mehr Platz befriedigt wird oder nach mehr Natur, weil Sie Pflanzen lieben und Ihre eigenen Kräuter anpflanzen wollen. Sie benötigen ein Zimmer mehr, weil Sie mehr Raum für Ihre Arbeit brauchen etc.

Welche Essenz bzw. welches Bedürfnis versteckt sich hinter Ihrem Wunsch? Wenn Sie die Essenz hinter Ihrem Wunsch herausgefunden haben, dann spüren Sie in sich nach, welches Gefühl dahinter steht. Gefühle haben eine große Bedeutung in unserem Leben. Es ist wichtig, auf unsere Gefühle zu hören, und zu verstehen, warum etwas wichtig für uns ist. Oft ignorieren wir sie und wundern uns, warum wir unzufrieden sind.

Übung: Mein Wunsch-Extrakt

Gehen Sie Ihrem Wunsch weiter auf den Grund, indem Sie die folgenden Sätze ergänzen:

- Dieses Gefühl ist für mich dabei wichtig: ...
- Wenn sich der Wunsch erfüllt, stellt sich bei mir dieses Gefühl ein: ...
- Damit wird bei mir mein Bedürfnis nach ... erfüllt.

Übung: Perspektivenwechsel

Es lohnt sich auch, Ihre Wünsche aus verschiedenen Perspektiven zu betrachten:

- Wenn Sie von oben, also top-down, wie ein Adler auf Ihre Wünsche blicken, was nehmen Sie wahr? Der Adler blickt aus einer Entfernung auf die Situation als Großes und Ganzes. Hierbei nehmen Sie die Meta-Perspektive des Adlers ein.
- Genauso können Sie von unten, bottom-up, wie ein Frosch zu Ihren Wünschen und Bedürfnissen aufblicken. Der Frosch

schaut von unten nach oben und alles wirkt intensiver und größer. Dabei werden auch Gefühle verstärkt wahrgenommen.

Schließen Sie die Augen und stellen Sie sich Ihren Wunsch aus diesen Perspektiven vor.

BEISPIELE

Eine Coaching-Klientin hatte den starken Wunsch, einen passenden Partner zu finden. Aus der Adler-Perspektive erkannte sie ihren Wunsch, mit ihrem Partner viel gemeinsam zu unternehmen. Sie sah sich mit ihm voller Freude in Ausstellungen, im Kino und Theater. Aus der Froschperspektive spürte sie Gefühle wie große Liebe, Vertrautheit und Verbundenheit. Wir haben herausgearbeitet, wo sie diese Gefühle schon jetzt in ihr Leben lassen kann. Hier fielen ihr ihre besten Freunde ein. Auch mit ihnen konnte sie Vertrautheit und Verbundenheit erleben. Sie merkte so, dass sie bereits viel von ihren Wünschen erfüllt bekommt. Um ihr größeres Ziel, einen Partner zu finden, zu erfüllen, ging sie ihren Lieblingsbeschäftigungen nach und lernte auf diesem Weg auch ihren jetzigen Ehemann kennen. Sie hat auf ihre Gefühle und Bedürfnisse gehört, sich diese erfüllt und war damit auch attraktiv für den richtigen Partner.

Eine junge Coaching-Klientin träumte von einer größeren Wohnung mit einem Balkon oder einem Haus mit Garten. Sie liebte Pflanzen und wollte sich diesen mehr widmen. Anstatt frustriert zu sein, dass sie sich weder eine große Wohnung noch ein Haus leisten konnte, fand sie die wahre Essenz, das wahre Bedürfnis hinter ihrem Wunsch heraus: Pflanzen pflegen, anpflanzen und diese wachsen zu sehen. Damit konnten wir ihr Ziel festlegen: arbeiten in einer Gärtnerei. Dieses Ziel setzte sie dann auch schnell um.

Die Beispiele zeigen vor allem eines: dass es bei der Zielfindung immer in erste Linie um Sie selbst gehen sollte. Was wollen Sie? Was wünschen Sie sich? Welches Bedürfnis soll erfüllt werden? Wenn Sie das erkennen und verstehen, können Sie daraus Ziele formulieren. Und Sie können oft einen Teil Ihrer Bedürfnisse relativ rasch erfüllen, was Sie zufriedener mit der momentanen Situation macht. Dann lassen sich auch größere Ziele leichter erreichen. Oder Sie können das Ihnen wichtige, gesuchte Gefühl auch anders erreichen. Indem Sie sich andere Wünsche erfüllen, die einfacher, schneller oder günstiger zu verwirklichen sind. Wenn wir ein Ziel nicht isoliert betrachten, sondern auf unsere Wünsche und Bedürfnisse hören, ist es nicht selten so, dass wir zwei Fliegen mit einer Klappe schlagen.

Die Zieldefinition

Die folgende Übung stammt aus dem sog. lösungsfokussierten Coaching. Sie soll Ihnen bereits jetzt eine Vorstellung davon vermitteln, was anders sein wird, wenn Sie Ihr Ziel erreicht haben. Zudem können Sie mit dieser Übung Schritte und Kriterien festlegen, die auf dem Weg dorthin gegeben sein müssen.

Übung: Wenn Sie Ihr Ziel erreicht haben
Formulieren Sie aus Ihrem Wunsch ein konkretes und präzises Ziel: Mein Ziel: ...
Definieren Sie nun auf einer Skala von 0 – 10 die einzelnen Schritte zu Ihrem Ziel. (0 = Ihr Ziel ist noch weit entfernt. Sie sind am Anfang. 0 % Zielerreichung. 10 = Sie haben Ihr Ziel vollumfänglich erreicht, also 100 % Zielerreichung und Zufriedenheit.) Welche kleinen Schritte auf der Skala unternehmen Sie? Woran merken Sie, dass Sie einen Schritt weiter sind?

Übung: Wenn Sie Ihr Ziel erreicht haben
Wo stehen Sie jetzt? Wie sind Sie dahin gekommen? Was war hilfreich?
Woran werden Sie erkennen, dass Sie Ihr Ziel erreicht haben? Was wird dann anders sein?

Von der Vision über die Mission zum Ziel

Große Denker haben große Visionen. Die Vision von Dr. Martin Luther King begann mit »I have a dream ...« Er sagte nicht etwa »I have a plan«. Steve Jobs träumte vom Internet in der Hosentasche und ließ das iPhone entwickeln. Oder die Vision von Antoine de Saint-Exupéry: »Wenn du ein Schiff bauen willst, dann trommle nicht Männer zusammen, um Holz zu beschaffen, Aufgaben zu vergeben und die Arbeit einzuteilen, sondern lehre die Männer die Sehnsucht nach dem weiten, endlosen Meer.« Blicken wir genauer auf diese Vision. Die Vision führt uns zum emotionalen Anteil, der so stark ist, dass das Ziel erreicht werden kann. Im Bild von Antoine de Saint-Exupéry ist das die Sehnsucht nach dem Meer.

Eine Vision ist emotional aufgeladen. Sie zeichnet ein konkretes Bild in der Zukunft, einen idealen Zustand, den Sie erreichen wollen. Sie verknüpft die Zielerreichung mit einem ganz wichtigen Aspekt: mit dem Wofür. Auf dem Weg zum Ziel gibt es immer drei wichtige Bereiche zu beachten, die drei W:

- Das Was: Was tun wir?
- Das Wie: Wie funktioniert es – wie machen wir es?
- Und eben das Wofür: Wofür tun wir es?

Um dies zu verdeutlichen, ein einfaches Beispiel.

BEISPIEL

Mal angenommen, Sie haben in Ihrem Werkzeugkasten keinen Hammer und wollen daher einen neuen im Baumarkt erwerben. Spielen wir dieses Szenario anhand der drei W durch:

- Was wollen Sie kaufen/tun? Einen Hammer. Und zwar im Baumarkt.
- Wie soll er funktionieren? Wenn Sie einen Nagel in die Wand schlagen, soll er einwandfrei funktionieren. Er soll also sehr gut Nägel in die Wand schlagen. Deswegen kaufen Sie aber immer noch keinen Hammer.
- Wofür tun Sie es? Sie wollen Ihr Bild an die Wand hängen und sich an ihm erfreuen. Und genau deswegen kaufen Sie den Hammer.

Die wichtige Frage nach dem »Wofür«

Auch im Beruf vergessen wir oft unser »Wofür«.

BEISPIEL

Eine meiner Klientinnen arbeitete im Marketing-Bereich eines großen Unternehmens, welches medizinische Geräte herstellte, unter anderem Beatmungsgeräte für Kinderkliniken. Was tat sie? Die Geräte optimal vermarkten und verkaufen. Wie machte sie es? Mit den besten Marketingstrategien und Kampagnen. Und als sie mehrfach die belieferten Kliniken mit den Kinderstationen besuchte, wurde ihr auch das »Wofür« klar. Sie trug mit ihrer Arbeit dazu bei, Menschenleben zu retten. Dafür lohnte es sich, die beste Marketingexpertin der Welt zu sein.

Der dritte Aspekt, das Wofür, ist der Sinn und die Emotion hinter der Vision. Auch Ihr Ziel sollte eine starke Vision beinhalten. Es muss emotional so anziehend sein, dass Sie alles dafür tun würden, um es zu erreichen.

Übung: Meine Visionen

Jetzt sind Sie dran. Denken Sie groß. Welche Visionen haben Sie? Was kommt Ihnen Großes in den Sinn? Blicken Sie ins Fernrohr Ihres Lebens und inszenieren Sie die Kraft der großen Gedanken. Denken Sie jetzt in großen Dimensionen und in starken Emotionen.

- Was würden Sie tun, wenn Sie unbegrenzte Zeit und Ressourcen hätten?
- Welche Lebensziele sind für Sie wichtig?
- Was für ein Mensch möchten Sie in Zukunft sein?

BEISPIEL

Ich habe die Vision, möglichst viele Menschen zu inspirieren.

Was tue ich? Ich stehe auf der Bühne, halte Vorträge und viele Menschen hören mir zu.

Wie tue ich es? Ich bereite mich gut vor, bin Expertin auf meinem Gebiet. Meine Vorträge sind spannend, anspruchsvoll und auch unterhaltsam

Wofür tue ich es? Ich möchte den Menschen Impulse mitgeben, die ihnen ihr Leben erleichtern. Die Impulse sollen sie auch zum Nachdenken anregen. Ich möchte Menschen zum Lachen bringen und sie anschubsen, mutig zu sein, in ihre eigene Kraft zu kommen und Veränderungen gestärkt anzugehen.

Was ist Ihre Mission?

Wenn wir im nächsten Schritt auf Ihre Mission blicken, geht es darum, Ihre Vision mit Handlungsfutter zu füllen und Ihren Auftrag dabei festzulegen. Der Sinn und Zweck Ihres Handelns werden noch genauer herausgearbeitet. Hier docken wir genau an das dritte W an.

Übung: Meine Mission

Von Ihrer Vision kommen wir direkt zu Ihrer Mission. Was ist Ihr Beitrag? Welchen Anteil haben Sie daran, dass Ihr Film ein Happy End nimmt? Welche Mission erfüllen Sie? Sie sind die Heldin oder der Held in Ihrem Leben. Sehen Sie sich Ihre Vision nochmals an und überlegen Sie jetzt bitte, welche Mission Sie dabei erfüllen.

- Was betrachten Sie in Zukunft als Ihren wichtigsten Beitrag für andere?
- Welchen höheren Beitrag sehen Sie für sich, wenn Sie an Ihre Visionen denken? Welchen Sinn verfolgen Sie?
- Was fordert Sie heraus, was inspiriert Sie?
- Was repräsentiert das Beste in Ihnen?
- Welcher Beitrag gibt Ihrem Leben eine gute Richtung und ist für Sie sinnvoll?

BEISPIEL

Wenn ich Vorträge halte, bin ich ganz bei mir. Ich trage dazu bei, den Menschen zu helfen, sich Ziele zu setzen und sie auch zu erreichen. Ich inspiriere und unterstütze sie, ihre eigenen guten Wege zu finden und zufrieden und glücklich zu sein. Das macht mich wiederum zufrieden und glücklich.

Nachdem Sie Ihre Vision und Mission genauer definiert haben, können Sie nun ein ganz konkretes Ziel formulieren. Wichtig ist, dass Ihr Ziel sich in Ihre Vision gut eingliedert und Sie dabei unterstützt, Ihren persönlichen Beitrag zu leisten:

- Mein Ziel ist ...
- Meine Teilziele sind ...

BEISPIEL

Um meine Vision und Mission zu erfüllen, setzte ich mir als erstes Ziel, bis 2016 eine Ausbildung zum Professional Speaker zu absolvieren, damit ich meine Bühnenperformance verbessere. Ziel: Speaker Ausbildung bei der German Speaker Association mit der Steinbeis Hochschule Berlin. Anmeldung: August 2015. Beginn: November 2015 und Ende September 2016. Zeitlicher Invest: ... Stunden. Kosten: ... Euro.

Meine Teilziele: Bis zum ... definiere ich den Titel und das Thema meines Vortrags. Bis zum ... fertige ich eine PowerPoint-Präsentation dazu an. Jeweils ein Wochenende im Monat nutze ich dazu, weiter an dem Vortrag zu feilen. Jeden Tag für 15 Minuten mache ich ... usw.

Das ZIEL-Modell mit dem Gute-Laune-Loop

Das beste Ziel bringt nichts, wenn es nicht erreichbar ist. Damit Sie eine sehr gute Chance erhalten, Ihre Ziele auch wirklich zu erreichen, müssen diese bestimmte Kriterien erfüllen und auch ein paar Tests bestehen (siehe hierzu auch bereits Kapitel »Was ist ein gutes Ziel?«). Mit den folgenden Modellen bzw. Methoden können Sie sich Ihr Ziel genauer ansehen und es überprüfen.

Das von mir entwickelte ZIEL-Modell mit dem »Gute-Laune-Loop« eignet sich hervorragend dafür, Ihr Ziel und sich selbst zu challengen, sprich, sich selbst herauszufordern. ZIEL ist ein Akronym, dessen Buchstaben für **Z**weck, **I**nhalt, **E**rgebnis und **L**aune stehen.

Das ZIEL-Modell	
Zweck definieren	Welchen Zweck wollen Sie mit Ihrem Ziel erfüllen? Weshalb ist Ihnen die Erfüllung Ihres Zieles wichtig? Bitte notieren Sie alles, was Ihnen dazu einfällt, in Ihr Ziel-Tagebuch. Wenn Sie sich Ihre Notizen ansehen: Sind Sie zufrieden damit? Stimmt es Sie freudig? Das sollte es, denn es wird auch anstrengend werden, wenn Sie sich auf den Weg machen. Den Sinn und den Zweck zu kennen, ist hilfreich bei der Umsetzung.
Inhalt festlegen	Was tun Sie wann genau? Wie sieht Ihr konkretes Vorhaben aus? Wie gehen Sie vor? Was ist dabei zu berücksichtigen? Blicken Sie auf Ihre Notizen und legen Sie Inhalte so fest, dass diese für Sie auch gut machbar sind, ohne dass Sie sich überanstrengen und sich zu viel zumuten. Es gilt das Prinzip: ein Schritt nach dem anderen.
Ergebnis: das Ende im Sinn haben	Wie sieht Ihr Ergebnis konkret aus? Was steht am Ende Ihres Wegs zum Ziel? Mit welchem Ergebnis sind Sie zufrieden? Was muss unbedingt erreicht sein? Was ist das Minimum und was das Maximum? Je genauer Sie alles zum Ergebnis festhalten, desto besser können Sie sich später daran orientieren und messen.
Laune: Gute Laune behalten und durchhalten	Was hilft Ihnen dabei, Ihre gute Laune zu behalten, auch wenn es anstrengend wird? Was oder wer kann Sie unterstützen, wenn schwierige Etappen anstehen, bei denen es darum geht durchzuhalten?

Ihr Gute-Laune-Loop

Auf dem Weg zum Ziel ist nicht immer alles leicht. Wir müssen unsere Komfortzone verlassen und uns auf unsicheres Terrain begeben. Es kommen Hürden und Herausforderungen auf uns zu, die wir meistern müssen. Meist geschieht das plötzlich und unerwartet. In solchen Situationen läuft folgender Mechanismus in Ihnen ab: Es kommt ein negativer Reiz auf Sie zu und Sie reagieren, meist unbewusst, auf diesen Reiz häufig mit einer negativen Reaktion. Wir reagieren mit Ärger, Wut, Verzweiflung, Traurigkeit, Frust etc. Leider, denn negative Emotionen ziehen uns eher herunter und halten uns davon ab, uns auf unser Ziel zu fokussieren und dranzubleiben. Es gilt daher, diese unbewusste Reaktion zu stoppen bzw. positiv zu beeinflussen. Das gelingt, indem wir bewusst eine Schleife, einen Loop, für uns selbst einlegen, der uns hilft, in der Laune nicht abzudriften oder negative Emotionen zuzulassen.

BEISPIEL

Ihr Ziel ist es, ein hervorragender Redner zu werden. Daher nutzen Sie auch jede Gelegenheit, um zu üben. Aus diesem Grunde haben Sie auch die Präsentation zum Thema XY übernommen. Bereits am nächsten Tag sollen Sie sie vor Kollegen und Kunden halten, nur leider kommen Tausend andere Sachen auf Sie zu und hindern Sie bei der Vorbereitung. Das Telefon klingelt ständig. Permanent rufen Kollegen und Kunden an, die etwas von Ihnen wollen. Verschiedene Reize prasseln auf Sie ein: Die Kollegen stressen Sie, Ihre Kunden machen Sie nervös und es entsteht Druck, weil Sie nicht zu dem kommen, was Sie eigentlich tun wollen. Die ungünstigste Reaktion auf diese Reize wäre es jetzt, zu verzweifeln und Ihre gute Laune zu verlieren. Doch wie können Sie die Situation für sich günstig und positiv beeinflussen?

Um einen Lösungsweg für solche Situationen zu schaffen, habe ich den Gute-Laune-Loop entwickelt. Er hilft Ihnen dabei, auf die negativen Reize positiven Einfluss zu nehmen. Ein Gute-Laune-Loop besteht immer aus drei Schritten.

Gute-Laune-Loop: Schritte	
Schritt 1: Aufmerksamkeit und Achtsamkeit auf Reiz richten	Schenken Sie dem Reiz die nötige Aufmerksamkeit und nehmen Sie ihn überhaupt erst einmal wahr. Oftmals bemerken wir die Stressoren gar nicht und sie übermannen uns. Wir können nur dann gut und richtig reagieren, wenn wir uns den Reiz erst mal bewusst machen.
Schritt 2: Einfluss nehmen auf den Reiz	Hier kommt Ihre persönliche Schleife, um dem negativen Reiz zu begegnen und positiven Einfluss zu nehmen. Im Beispiel oben: Drücken Sie die Stopp-Taste. Atmen Sie erst einmal tief durch. Beamen Sie sich gedanklich an einen Ort, der Ihnen Kraft schenkt, z. B. an Ihren Lieblingsplatz in den Bergen oder ans Meer oder wo auch immer Sie kurz mental Kraft tanken können. Sie können dann mit der nötigen Ruhe, freundlich, aber bestimmt Stopp und Nein zu den Kollegen sagen. Erklären Sie, dass Sie für eine Stunde nicht gestört werden wollen. Schalten Sie Ihre E-Mails aus.
Schritt 3: Zurück zur Aufgabe	Jetzt sind Sie stabilisiert und können sich auf andere Dinge konzentrieren. Sie gehen weiter Ihren Verrichtungen nach. Im Beispiel: Sie stellen die Präsentation in Ruhe fertig. Anschließend belohnen Sie sich mit etwas nettem Kleinem.

Sammeln Sie Ihre Gute-Laune-Loops! Ich stelle Ihnen in den nachfolgenden Kapiteln sieben solcher Loops vor. Sie entscheiden, welche zu Ihnen passen.

Nach den Sternen greifen mit der STAR-Methode

Greifen Sie nach den Sternen mit der STAR-Methode. Sie ist ein weiteres Modell zum Ziele-Check. STAR ist ein Akronym und steht für:

- **S**chritte
- **T**ermin
- **A**nstrengung und Anerkennung
- **R**esultat

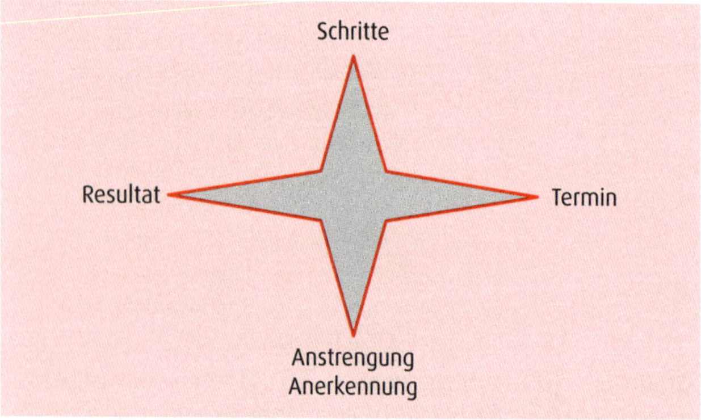

STAR

Die Methode hilft Ihnen dabei, Ihr Ziel genau zu planen, es in Teilschritte zu unterteilen, anschließend die Umsetzung anzugehen und das Resultat zu bewerten. Neben diesem strukturierten Teil betrachtet das Modell zwei wesentliche Aspekte, die Sie selbst betreffen:

- Ihre Anstrengung: Wie viel sind Sie bereit zu geben, um Ihr Ziel zu erreichen?
- Die Anerkennung für Ihre Anstrengung und für alles, was auf dem Weg zum Ziel gut läuft.

In diesem Modell gibt es drei Phasen: Planung, Umsetzung und Erfolgskontrolle.

Die STAR-Methode im Überblick

Welches Ziel wollen Sie konkret erreichen?	
Phase 1: Planung	**S**chritte: Welche Schritte werde ich machen? Wann? Wie oft? Wie viele? Schritt 1, Schritt 2, Schritt 3 ...
	Termin: Welchen Endtermin und welche weiteren Zwischentermine setze ich mir? Welches Zeitfenster? Gibt es bestimmte Zeiten oder eine konkrete Uhrzeit, an der ich mich z. B. täglich/wöchentlich orientiere?
Phase 2: Umsetzung	**A**nstrengung: Wie sehr werde ich mich anstrengen? Wie bereit bin ich mich anzustrengen, z. B. auf einer Skala von 0 bis 100? Wie sehr habe ich mich angestrengt, rückblickend auf Schritt 1, 2, 3 usw.? **A**nerkennung: Wie werde ich meine Leistung anerkennen und belohnen in Schritt 1, 2, 3 etc.? Denken Sie daran: Eigenlob stimmt!
Phase 3: Evaluation	**R**esultat: Welches Ergebnis/Resultat habe ich erzielt? Woran messe ich meine Resultate?

Nutzen Sie die Kraft des Unterbewussten

Die gute Nachricht: Ihr Unterbewusstes ist ein starker Partner auf dem Weg zu Ihrem Ziel. Die Kraft des Unterbewussten nutzen Profisportler schon seit eh und je. Skiabfahrtsläufer gehen in Gedanken die Piste durch und sehen sich in Bestzeit im Ziel. Erfolgreiche Manager visualisieren ihre Ziele. Machen Sie ebenso Gebrauch davon! Es gibt viele Mentaltechniken, die Ihr Unterbewusstsein dazu bewegen, Sie bei Ihrer Zielerreichung zu unterstützen. Sie können es zur positiven Einflussnahme nutzen.

Unser Gehirn unterscheidet nicht, ob wir etwas wirklich tun oder es nur visualisieren. Daher setzen Mentaltechniken Anker im Gehirn. Es speichert dann etwas als erlebt ab und »erinnert« sich dann wieder daran, wenn wir es noch einmal real oder mental aufrufen.

Bringen Sie sich auf Erfolgskurs mit dem Visionboard

Mit einem sog. Visionboard können Sie Ihr Ziel, den Weg dorthin und die damit einhergehenden Emotionen visualisieren. Sie brauchen dazu nichts weiter als ein großes Blatt Papier, am besten in Flipchart-Größe, Zeitungen bzw. Zeitschriften, eine Schere und Klebstoff.

Nehmen Sie sich ca. zwei bis drei Stunden Zeit und fertigen Sie Ihr persönliches Visionboard in Form einer Kollage oder mit eigenen Zeichnungen an. Denken Sie an die nächsten drei Jahre: Was ist Ihr Ziel? Eine neue Wohnung? Finden Sie ein Bild dafür. Ein neuer Job? Suchen Sie Bilder, die für Sie Zufriedenheit im neuen Job ausstrahlen. Ein Partner? Finden Sie Illustrationen, die ausdrücken, was eine glückliche Partnerschaft für Sie bedeutet. Schneiden Sie z. B. Bilder aus den Zeitungen oder, wenn passend, auch einzelne Sätze und Überschriften.

Lassen Sie Ihr Visionboard langsam wachsen! Wichtig ist, dass es sehr bildhaft gestaltet ist und solche Visualisierungen enthält, die Emotionen in Ihnen auslösen.

BEISPIEL

Ich mache regelmäßig, und zwar alle zwei bis drei Jahre, ein Visionboard. Über 80 % von den Zielen auf jedem einzelnen Board habe ich immer in einem Zeitraum von zwei bis drei Jahren erreicht.

Hängen Sie das Board dort auf, wo Sie mehrfach tagsüber und abends darauf schauen können. Gut ist, wenn das Visionboard eine hohe Strahlkraft auf Sie hat und Sie gerne und freudig darauf blicken.

Wichtig sowohl hinsichtlich der Gestaltung des Boards als auch sonst, wenn Sie sich ein Ziel vor Augen führen, ist, dass Sie keine negativen Botschaften formulieren, sondern ausschließlich positive. Sagen Sie also nicht: »Ich will keinen Stress haben«, sondern formulieren Sie, was stattdessen da sein soll: »Ich will … haben.«

Der Grund für dieses Prinzip wird anhand eines kleinen Experiments offensichtlich: Versuchen Sie, NICHT an einen rosa Elefanten zu denken. Was denken Sie? Genau! An einen rosa Elefanten. Die Negation ist nämlich unerheblich für unser Unterbewusstes. Es streicht sie einfach weg. Wenn Sie formulieren: »Ich will keinen Stress haben«, dann denken Sie an Stress.

Mein Ziel-Modell

Ein Modell sagt, ähnlich wie ein Visionboard, mehr als tausend Worte. Sie können Ihr Zielbild auch mit Lego, Playmobil oder anderen Kreativ-Spielzeugen bzw. -materialien bauen. Lego Serious Play™, die Lego-Edition für die Business-Welt, ist beispielsweise eine sehr innovative Methode, um Veränderungen umzusetzen und die dazu gehörenden Zielbilder zu visualisieren. Einige Unternehmen nutzen diese Methode bei Veränderungsprozessen oder Strategieentwicklungen, um einen Perspektivenwechsel möglich zu machen. Mit Legosteinen geht das einfach und schnell. Profitieren auch Sie von dieser Kreativtechnik.

Finden Sie für Ihr Ziel-Modell einen guten Platz, an dem es Sie regelmäßig an Ihr Ziel erinnert. Fotografieren Sie es ab und nutzen Sie das Foto als Bildschirmschoner oder als Startbild auf Ihrem Handy. So ist es im Alltag immer präsent.

Der Blick nach vorne

Auch die folgenden Übungen bewirken, dass Sie Ihr Unterbewusstes im Hinblick auf Ihre Ziele positiv stimmen.

Kurz-Visualisierung: Ich habe mein Ziel erreicht!

Nehmen Sie sich ab und an am Tag ca. eine Minute für sich selbst. Schließen Sie die Augen und stellen Sie sich vor, wie es sich anfühlt, wenn Sie Ihr Ziel erreicht haben. Malen Sie sich Ihr Ziel mit allen Sinnen, ganz emotional und am besten in den schönsten Farben aus. Ihr Unterbewusstsein unterscheidet nicht zwischen Gegenwart und Zukunft. Es wird sich automatisch darauf einstellen, dass Sie Ihr Ziel erreichen, und mit dazu beitragen, dass Sie »Ihren Auftrag« erfüllen. Bleiben Sie dran!

Let's Post-it

Schreiben Sie auf ein paar Post-its den folgenden Satz: »Ich habe mein Ziel ... (Beschreibung Ihres Ziels) erreicht«. Kleben Sie die Zettel an gut sichtbare, häufig von Ihnen frequentierte Stellen in Ihrer Wohnung, z. B. an Ihren Badezimmerspiegel, auf Ihren Nachttisch, auf die Innentür Ihres Kleiderschranks usw. Günstig sind Orte, an denen Sie jeden Tag mehrfach vorbeikommen. Auch diese Übung lädt Ihr Unterbewusstsein bezogen auf Ihr Ziel positiv auf.

Gute Gewohnheiten

Bei dieser Übung geht es darum, eine alltägliche Handlung mit dem positiven Denken an das Ziel zu verknüpfen, um so Ihr Unterbewusstsein immer wieder an das Ziel zu erinnern. Am besten nutzen Sie dafür eine Handlung, die Sie mindestens sieben bis zehn Mal am Tag ausführen, z. B. telefonieren, Treppen steigen. Denken Sie bei jeder dieser Handlungen ganz bewusst: »Ich habe mein Ziel ... erreicht.« Machen Sie dies eine Zeitlang, installieren Sie eine gute Gewohnheit. Nach einiger Zeit verknüpft sich diese Handlung automatisch mit Ihrem Ziel. Ihr Unterbewusstsein wird dann bei jeder dieser Handlungen auf Erfolg eingestimmt.

Auf einen Blick: Ziel finden und festlegen

- Setzen Sie sich Ziele, die SMART sind: Sie sollten konkret formuliert, an objektiven Kriterien überprüfbar, attraktiv, realistisch und mit einem genauen Termin versehen sein.
- Was wünschen Sie sich? Was sind Ihre Bedürfnisse? Nur derjenige, der darauf eine Antwort hat, stellt sicher, dass er sich auch wirklich seine eigenen Ziele setzt und nicht solche verfolgt, die aus Erwartungen anderer resultieren.
- Ihr Ziel sollte auf Sie eine so große Anziehungskraft haben, dass Sie alles dafür tun würden, um es zu erreichen.
- Ein Schritt nach dem anderen – der Weg zum Ziel kann lang sein. Damit Sie unterwegs nicht schlappmachen, sollten Sie sich Teilziele setzen. Dabei hilft Ihnen das ZIEL-Modell.
- Rückschläge, Hindernisse und Schwierigkeiten erzeugen in uns Ärger, Wut, Verzweiflung, Traurigkeit, Frust etc. Diese negativen Emotionen halten uns davon ab, uns auf unser Ziel zu fokussieren. Gute-Laune-Loops helfen dabei, sie ins Positive umzulenken.

Auf einen Blick: Ziel finden und festlegen

- Die sog. STAR-Methode unterstützt Sie, Ihr Ziel genau zu planen, es in Teilschritte zu unterteilen, anschließend die Umsetzung anzugehen und das Resultat zu bewerten.
- Ihr Unterbewusstsein spielt auf der Reise zu Ihrem Ziel eine große Rolle. Polen Sie es auf Erfolg mit den richtigen Mentaltechniken.

Mein Team zur Zielerreichung

Sie sind nicht allein auf dem Weg zu Ihrem Ziel. Sie haben ein ganzes »Team« in sich, das Sie auf Ihrer Reise begleitet. Es setzt sich zusammen aus verschiedenen Persönlichkeitsanteilen, die wir alle in unterschiedlicher Ausprägung in uns tragen. Sie bestimmen unser Handeln positiv wie auch negativ.

Lernen Sie Ihre Teammitglieder näher kennen:

- den Faulpelz, der es am liebsten bequem hat,
- den Kritiker, der alles schlechtmacht,
- den Supercoach, der unterstützend wirkt,
- den kriegerischen Anteil, der mutig und stark ist,
- das innere Kind, das Fürsorge braucht.

Ihre inneren Teammitglieder

»Zwei Seelen wohnen, ach! in meiner Brust ...« – Kennen Sie diese berühmten Worte, mit dem Goethe das Dilemma des melancholischen Dr. Faust beschreibt? In seinem Inneren gibt es zwei Stimmen, einerseits die der Vernunft und rationalen Vorgehensweise und auf der anderen Seite die Stimme, die Freude und Sinnlichkeit sucht. Der Kopf sagt Ja, das Herz sagt Nein, oder ist es umgekehrt? Und nicht nur Dr. Faust geht es so. In uns allen gibt es diese inneren Anteile. Vor allem, wenn wir uns ein Ziel gesetzt haben, sind da meist einige innere Beteiligte, die laut werden können als Blockierer oder auch als Unterstützer auf Ihrem Weg.

Wie viele Seelen wohnen in Ihrer Brust?

Einmal angenommen, Sie haben sich ein Ziel gesetzt und einen Plan gemacht für die Reise dahin. Sie haben Ihren Rucksack gepackt mit all dem, was Sie zur Umsetzung Ihres Planes brauchen. Als Beispiel: Sie wollen fünf Kilo abnehmen, Ihr Ziel sind 80 Kilo. Um dahin zu kommen, haben Sie sich einen Plan ausgearbeitet mit den To-dos für die folgenden Wochen: ab sofort die Hälfte essen und jeden zweiten Tag 20 Minuten joggen. Gesunde Lebensmittel haben Sie eingekauft, die Süßigkeiten und Chips sind entsorgt und die Joggingschuhe stehen parat. Da taucht auch schon der erste Geselle auf.

Der innere Faulpelz

Der innere Faulpelz setzt alles daran, dass Sie doch nicht heute loslegen, sondern lieber ein anderes Mal, wenn das Wetter schöner ist, wenn Sie bessere Laune haben, wenn der Tag nicht so stressig ist .... Die dazu gehörende innere Stimme sagt: »Ach komm, morgen ist auch noch ein guter Tag dafür!« Es sieht ganz danach aus, als wolle der Faulpelz Sie an Ihrer Zielerreichung hindern.

Der innere Kritiker

Oftmals gesellt sich ihm dann noch ein anderer Begleiter hinzu: der innere Kritiker. Er versucht alles abzuwerten, was nur geht und verfügt über ein großes Repertoire an Negativem. »Du schaffst das doch eh nicht! Vergiss es, das ist zum Scheitern verurteilt.« Oder: »Du kannst doch gar nicht richtig joggen und wirst es nicht durchhalten. Du bist zu schwach und viel zu fett. Alle werden lachen, wenn sie dich laufen sehen!« Und wenn Sie es dann doch geschafft haben, Ihre erste Joggingsession zu absolvieren, sagt der Kritiker: »Na und? War ja nichts Besonderes!«, und wertet damit sofort Ihre ersten Erfolge ab.

Der Supercoach

»Hey, komm, du schaffst das schon. Denk positiv, dann klappt das.« Wie ein zuversichtlicher Coach und wohlwollender Begleiter treibt diese Stimme Sie und Ihr Vorhaben an. »Letztes Jahr hast du es auch geschafft, alle zwei Tage zu joggen, und das hat dir ein tolles Gefühl gegeben.«

Die innere Kriegerin – der Krieger in uns

Und auch der so typische Kampfgeist eines Kriegers, der anfeuernd wirkt, steckt in uns. Wenn wir diese Kraft anerkennen, sind wir selbst in unserer Kraft und Stärke. Wenn Sie losgelaufen sind bei Ihrer ersten Joggingsession, sagt Ihre Kriegerin: »Halt durch, du bist stark.« Der Kriegeranteil hilft uns dabei, in schwierigen Situationen gelassen und in unserer Stärke zu bleiben.

Das innere Kind

Eine ganz wichtige Stimme ist diejenige unseres inneren Kindes, welches sich bedürftig nach etwas sehnt und auf sich aufmerksam macht. Das innere Kind repräsentiert einen äußerst empfindsamen Teil in uns, der auch sehr verletzlich ist. »Bin ich überhaupt liebenswert, wenn ich zu dick bin?« Mögen Sie sich selbst? Ihr inneres Kind will, dass Sie gut für sich sorgen. Wenn seine Bedürfnisse zutage treten, geht es meist um Selbstfürsorge.

Woher kommen diese Stimmen? Gibt es einen Grund für ihr Auftreten? Was bezwecken sie? Können wir sie positiv nutzen? Und wie schaffen wir es, den Kritiker klein zu halten und den wohlwollenden Begleiter zu stärken, damit wir unser Ziel gut erreichen? Auf den nächsten Seiten werden wir die einzelnen inneren Begleiter dazu genauer unter die Lupe nehmen.

Der Faulpelz

Dieser Geselle ist sicherlich jedem Menschen bekannt. Er meldet sich nur allzu gerne und oft zu Wort. Sind wir voller Energie und schmieden Pläne, schweigt er meist. Doch wenn es darum geht, etwas Neues anzufangen und zur Tat zu schreiten, oder wenn es auch mal schwierig wird auf dem Weg zum Ziel, kommt er gerne zum Vorschein. Er hat viele Namen. Man nennt ihn unter anderem auch Faulenzer, Nichtstuer oder innerer Schweinehund.

Am besten lassen sich der Faulpelz und seine Handlungsfacetten anhand von zwei Beispielen erläutern.

BEISPIEL

Das Ziel eines meiner Klienten war es, eine Stelle als internationaler Projektleiter im Engineering Bereich anzutreten. Er hatte sich einen 12-Monatsplan gemacht, um sein Ziel zu erreichen. Doch es gab noch Einiges zu tun bis dahin. Eines seiner Teilziele war es, seine Englischkenntnisse auszubauen und einen Business-Englisch-Kurs zu besuchen. Er meldete sich dazu bei einem renommierten Sprachinstitut an. Der Kurs fand einmal die Woche immer dienstags von 19 bis 21.30 Uhr statt – eigentlich ideal für meinen Klienten, der in seinem damaligen Job regelmäßig um 18 Uhr Feierabend hatte.

Doch bereits am ersten Dienstagmittag bekam er Besuch, und zwar von seinem inneren Faulpelz: »Fang doch lieber nächste Woche an. Heute Abend kommt Fußball und du bist doch eh viel zu erschöpft und willst lieber einen gemütlichen Abend auf dem Sofa verbringen.« Mein Klient verschob den Start des Kurses auf die darauffolgende Woche. Am nächsten Dienstag wurde er jedoch von seinen Freunden gefragt, ob er nach der Arbeit mit auf ein Bier komme. Sein innerer Faulpelz signalisierte wohlwollend: »Mach das – auf eine Woche kommt es doch nicht an!« Und so ging es weiter, Woche für Woche. Mein Klient hat den Kurs zwar bezahlt, jedoch nie besucht.

In diesem Beispiel verhindert der Faulpelz bereits den Anfang von etwas Neuem. Es gibt aber noch eine weitere Strategie des Faulpelzes. Wandeln wir dazu das Beispiel ein wenig ab.

BEISPIEL

Der Klient hat dasselbe Ziel, nur die Umstände sind andere: Er arbeitet in einem kleinen Unternehmen, wo er viel Verantwortung trägt und mindestens 60 Stunden pro Woche beschäftigt ist. Oft nimmt er sich abends auch noch Arbeit mit nach Hause. Der Druck auf ihn ist groß und dementsprechend der Stress, unter dem er steht. Einen Feierabend, ein freies Wochenende und Regenerationspausen gesteht er sich nur zu, wenn die Arbeit getan ist, was aber so gut wie nie der Fall ist. Jede Woche nimmt er sich den Englischkurs vor und ist total frustriert, weil er es nicht schafft, sich dafür zu motivieren. Jede Woche sagt der innere Faulpelz in ihm: »Geh lieber nächste Woche in den Kurs. Diese Woche hast du noch genug anderes zu tun.« So schiebt er den Kurs von Woche zu Woche vor sich her.

Bei beiden Beispielen ist das Ziel das gleiche, jedoch der Kontext ist ein anderer. Im zweiten Fall mutet sich der Klient mit seinen mindestens 60 Wochenarbeitsstunden und obendrein dem Englischkurs sehr viel, wenn nicht gar zu viel, zu. Der innere Schweinehund will ihn von noch mehr Arbeit abhalten. Das Resultat ist in beiden Fällen dasselbe: Schlechtes Gewissen stellt sich ein.

Wenn der Faulpelz zuschlägt, verhindert er unsere Aktionen. Er geht in den Widerstand wie ein widerspenstiger Ziegenbock oder wie ein störrischer Esel und bewirkt, dass unser Wille bockt. Das Ergebnis: Wir fangen erst gar nicht an oder geben mittendrin auf und verfolgen unser Ziel nicht mehr weiter.

Was will der innere Faulpelz?

Wenn wir Ziele erreichen wollen, müssen wir unsere Komfortzone verlassen. Jegliche Abenteuer befinden sich außerhalb dieses Bereichs, in dem das Bequeme und Vertraute liegt. Neues und Veränderung bedeuten immer auch unbekanntes, unsicheres oder schwergängiges, holpriges Terrain. Diese Unwägbarkeiten führen dazu, dass wir Angst vor Neuem haben. Der Faulpelz wiegelt ab und will uns dazu bewegen, im sicheren Bereich und Terrain zu bleiben. Eines seiner Argumente ist es, den Status quo, so wie er ist, zu erhalten, also nichts zu verändern, um sicher und bequem zu leben. Wenn wir beeinflusst durch den Faulpelz innerlich gegen unser neues Ziel bocken und uns dennoch weiter antreiben, dann entsteht nur noch mehr Widerstand. Und oft passiert dann Folgendes: Wenn wir uns mühsam gegen den Widerstand des Faulpelzes aus der Komfortzone herausbewegt haben, nimmt uns draußen schon direkt der innere Kritiker in Empfang und sagt: »Na, das war ja nichts Tolles!«

Warum der Faulpelz wichtig ist

Bei all dem könnte man meinen, der Faulpelz sei eher ein unangenehmer Zeitgenosse, der uns mehr schadet als nützt. Doch wie so Vieles hat auch der Faulpelz seine Berechtigung und verkörpert eine wichtige Seite unserer Persönlichkeit. Er hilft uns dabei, uns nach anstrengenden Phasen zu regenerieren, zu entspannen, wieder Luft zu holen und aufzutanken. Wenn das über längere Zeit nicht passiert, können wir Schaden nehmen, körperlich oder psychisch. Viele Menschen mit einem nur schwach ausgeprägten Faulpelzanteil laufen Gefahr auszubrennen und setzen wegen Dauerstresses ihre Gesundheit aufs Spiel. Rehabilitieren Sie also Ihren Faulpelz. Er hat auch seine guten Seiten. Für Menschen, die permanent unter Stress stehen, heißt das: Müßiggang zulassen, einfach mal langsam oder gar nichts machen, feste Auszeiten etablieren.

Übung: Ihr Faupelz-Tages- oder Wochenplan

Fragen Sie sich: Zu welchen Zeiten regenerieren Sie sich ganz bewusst, um Kraft zu tanken und dann wieder weiter in Richtung Ziel zu marschieren? Fällt Ihnen auf diese Frage keine Antwort ein, sollten Sie so schnell wie möglich einen Plan für solche Regenerationsphasen aufstellen. Legen Sie darin detailliert fest, an welchem Tag und in welchem Zeitraum Sie ganz bewusst Faulpelzzeiten einlegen. Was tun Sie in dieser Zeit am liebsten? Lesen, einen Spaziergang machen, ein heißes Bad nehmen, in die Sauna gehen, die Natur genießen?

Lassen Sie sich den Genuss, den diese Auszeiten mit sich bringen, nicht von Ihrem schlechten Gewissen trüben und auch nicht von Ihrem inneren Kritiker, der sich eventuell zu Wort melden wird.

Raus aus der Komfortzone: Nehmen Sie Ihren Faulpelz beim Schlafittchen

Es ist wichtig, den Faulpelz in uns anzuerkennen. Es ist aber auch wichtig zu wissen, wann er sich unnötige Faulpelzzeiten ergaunert und uns von unseren wichtigen Zielen abhält. Wenn Sie grundsätzlich ausreichend Regenerationsphasen in Ihrer Woche eingeplant haben, dann gibt es keine Ausrede. Dann heißt es: Raus aus der Komfortzone! Seien Sie wachsam, wenn der Faulpelz anklopft und Sie von Ihrem Ziel abhalten will. Packen Sie ihn beim Schlafittchen und überlisten Sie ihn.

Belohnen Sie sich, wenn Sie Ihren inneren Schweinehund überwunden haben und er Sie nicht weiter davon abhalten kann, Ihre Ziele zu erreichen. Lassen Sie auch hier kein schlechtes Gewissen und auch nicht den Kritiker zu, der sagt: »So toll ist das auch wieder nicht, dass es eine Anerkennung rechtfertigt!«

Übung: Den Faulpelz zum Freund machen und austricksen

Oftmals hilft es nicht, etwas zu ignorieren oder in den Widerstand zu gehen. Das trifft auch auf den Faulpelz zu. Es ist besser, ihn willkommen zu heißen und ihn dann in seine Schranken zu weisen. Wenn Sie ein Teilziel oder Ziel verfolgen und der Faulpelz sich zu Wort meldet, begegnen Sie ihm als Erstes mit einer respektvollen Haltung: »Hallo Faulpelz, du bist wichtig zur Regeneration und passt auf mich auf, dass ich nicht zu viel tue. Aber jetzt darfst du selbst mal Pause von deinem Ziel machen. Danke dir und bis später in der Sauna!« Und los geht's mit dem Englischkurs!

Der Kritiker

Ein zweiter Geselle, der uns bei unseren Zielen blockiert, ist der innere Kritiker. Sicherlich sind Sie ihm schon mehr als einmal begegnet. Man kann es ihm nie recht machen. Egal, was man auch tut, der innere Kritiker weiß immer alles besser und ist stets rechthaberisch unterwegs und sehr unerbittlich. Er benimmt sich je nach Anlass wie ein Antreiber, Richter, strenger Lehrer, ewiger Nörgler und pessimistischer Unzufriedener. Der innere Kritiker stellt stets sehr hohe Ansprüche an Sie.

BEISPIEL

Sie wollen mit Ihrem Partner ans Meer in den Sommerurlaub fahren und suchen dafür noch die richtige Badebekleidung. Als Sie in der Umkleidekabine die neuen Badesachen anprobieren, sagt eine innere Stimme zu Ihnen: »Oh je! Wie siehst du denn aus? Viel zu dick und unsportlich!« Der innere Kritiker meckert über Ihr Gewicht, Ihre Haut, Ihre Figur, die Beine, den Bauch, den Po und bezweifelt stark, dass man sich so überhaupt zeigen kann. Er tyrannisiert Sie so in eine Diät, zu mehr Selbstdisziplin und mehr Sport – und alles nur, um einem nahezu unerreichbaren Schönheitsideal zu entsprechen. Und er vergleicht Sie sehr gerne mit anderen.

Führt der innere Kritiker das Wort, stellt sich sofort ein Minderwertigkeitsgefühl und Mangel bei uns ein. Wir entsprechen nicht den Idealen, die er fordert. Das tut im Übrigen (so gut wie) niemand.

Der innere Kritiker tritt auch sehr gerne und meist zum Vorschein, wenn wir einen Fehler machen oder uns ein Missgeschick passiert. Dann nörgelt er nicht mehr nur, sondern beschimpft uns und versucht uns herabzusetzen. Wir erkennen den inneren Kritiker in solchen Situationen an Gedanken wie z. B.: »Ich Idiot! Ich Versager!«, oder: »War ja klar, dass ich das nicht schaffe, ich bin einfach zu doof.« Er kann herablassender und gnadenloser als jeder Außenstehende sein.

Und wenn wir dann etwas wirklich gut gemacht haben und erfolgreich sind und uns eigentlich darüber freuen könnten, dann ist der Kritiker noch lange nicht still: »So gut war das doch nicht. Das geht noch besser.«

Er findet in jeder Suppe ein Haar. Er beherrscht es bis zur Perfektion, bei jeder noch so guten Leistung Fehler zu sehen oder Kritikpunkte. Das treibt Sie an, immer noch bessere Leistungen zu bringen, auch wenn es schon gar nicht mehr möglich ist. Er vergisst kein Missgeschick, keinen Fehler, dafür aber sehr wohl die Dinge, die gut gelaufen sind. Sie sind ihm nämlich nicht wichtig. Außerdem ist der Kritiker ein ewiger Bedenkenträger. Stets hat er parat, was alles schieflaufen könnte, und versucht uns das einzuhämmern.

Woher kommt der innere Kritiker?

Im Prinzip macht uns der innere Kritiker den ganzen Tag Vorschriften: Ich muss perfekt sein. Ich muss mich mehr anstrengen. Ich muss noch besser sein. Ich darf nicht versagen. Er definiert unablässig, was richtig und falsch ist, und ist sehr streng mit uns. Viele dieser Vorschriften wirken unterbewusst und wir merken es gar nicht, wie wir uns damit selbst tyrannisieren.

Der innere Kritiker regiert wie ein Vorsitzender Richter, damit diese Gesetze und Gebote eingehalten werden. Er steht damit wie ein Wächter über uns, um uns zu kontrollieren. In der Psychologie wird dieser Persönlichkeitsanteil sehr passend auch Über-Ich genannt.

Die Ich-Zustände nach Sigmund Freud: Ich, Es und Über-Ich

Insgesamt gibt es drei Ich-Zustände. Neben dem Über-Ich, das auch Eltern-Ich genannt wird, spricht man vom Erwachsenen-Ich, auch einfach als Ich bezeichnet, und vom Kind-Ich, auch »Es« genannt. Das Erwachsenen-Ich ist der reife und erwachsene Teil unserer Persönlichkeit, der uns hilft, Entscheidungen zu treffen, Daten und Fakten aufzuzeigen, sie zu analysieren und zu speichern und wieder abzurufen. Über das Kind-Ich leben wir unsere Bedürfnisse, Antriebe und unsere Wünsche aus. Dort ist der eigentliche Sitz unserer Emotionen.

Die Über-Ich-Instanz wird bereits im frühen Kindesalter angelegt. Eine wichtige Rolle spielt hier die Beziehung zu unseren Eltern, die – gehen wir einfach mal davon aus – durch Liebe und Anerkennung geprägt ist. Ihre Zuwendung ist für unsere Persönlichkeitsentwicklung genauso wichtig wie die Nahrung für unseren Körper. Nun ist aber oft die Liebe und Wertschätzung unserer Eltern an bestimmte Bedingungen geknüpft.

BEISPIEL

Nehmen wir einmal an, ein Kind hat in der Grundschule in einer Arbeit die Note 2- erhalten. Prinzipiell gilt das als gut, und das sagen auch die Eltern erst einmal dazu. Doch sie wollen auch, dass das Kind eine tolle Zukunft hat und einen Beruf ergreifen kann, der es ihm ermöglicht, prima zu leben. Das sind natürlich legitime Gedanken der Eltern. Sie ergänzen ihr Lob daher mit der Einschränkung: »Eine gute oder glatte 2 in der Arbeit wäre besser!« Und wenn das Kind das nächste Mal dann wirklich eine bessere Note schreibt, erhält es eine Belohnung und Wertschätzung dafür. Und schon ist die Leistung, nämlich die gute Note, an die Liebe und Anerkennung der Eltern geknüpft! In so einem Fall ist es wahrscheinlich, dass das Kind eine innere Stimme anlegt, die zu ihm sagt: »Nur, wenn du gut bist, haben Mama und Papa dich lieb.« Es macht die Erfahrung, dass es so, wie es ist und die Dinge erledigt, nicht richtig ist.

Diese Dynamik kann dann der Ursprung für den inneren Kritiker sein, der das Kind und später den Erwachsenen ständig weiter antreibt, immer gut und noch besser zu sein.

Unser Über-Ich übernimmt sozusagen die Anforderungen der Eltern, an die wir uns in unserer Kindheit gewöhnt haben. Und am Ende haben wir diese Regeln so verinnerlicht, dass wir sie als unsere eigenen ansehen. Als Erwachsene sollten wir jedoch im Erwachsenen-Ich bleiben, damit wir uns für das Erreichen unserer Ziele und Teilziele selbst anerkennen können und zufrieden mit dem Erreichten sind.

Wie Sie den Kritiker in seine Schranken weisen

Wenn wir die Messlatte für uns zu hoch gelegt haben, gilt es, diese ein wenig zurechtzurücken – und den inneren Kritiker in die Schranken zu weisen. Damit ist nicht gemeint, dass es sich etwa nicht lohnt, große Ziele zu verfolgen oder hohe Ansprüche an sich zu stellen. Wichtig ist aber, dass wir uns in einem grundsätzlich zufriedenen Zustand und nicht in einem permanenten Mangelzustand befinden. Wie oft klopfen Sie sich auf die Schulter, wenn etwas gut geklappt hat? Oder ist es für Sie schlicht selbstverständlich, dass es gut läuft? In Bayern gibt es dazu einen Spruch: »Net g'schmipft is g'lobt gnua.«

Wenn wir uns selbst Wertschätzung und Anerkennung geben, ernähren wir zugleich unser inneres Kind, im Modell von Freud das »Es« (siehe dazu ausführlicher das Kapitel »Das innere Kind«).

Drei Mentaltechniken: Den inneren Kritiker zähmen, um den Fokus auf das Ziel zu behalten

- **Stopp-Taste:** Wenn Ihr Kritiker sich zu Wort meldet, drücken Sie mental die »Stopp-Taste«. Sagen Sie sich innerlich oder auch sogar laut: »Stopp!«, oder: »Stopp! Daran denke ich jetzt nicht.« Lenken Sie Ihre Aufmerksamkeit und damit Ihren Fokus jetzt auf etwas anderes, und zwar auf Ihr Ziel.
- **Ab in die Luft:** Eine weitere Technik, den Kritiker in uns zu mäßigen, ist, seine Aussagen wie Luftballone in die Luft fliegen zu lassen. Schließen Sie Ihre Augen und stellen Sie sich vor, wie die Botschaften des Kritikers in einen Ballon gepumpt werden und dann gen Himmel wegfliegen.
- **Schwamm drüber:** Stellen Sie sich vor, dass die Aussagen des Kritikers auf eine Schultafel mit Kreide geschrieben sind. Wischen Sie diese mit einem Schwamm weg. Und schreiben Sie anschließend eine wertschätzende Aussage über sich auf die Tafel. Oder Sie notieren stattdessen etwas darauf, was Sie auf Ihr Ziel oder Etappenziel fokussiert. Wenn Ihr Kritiker bei jedem kleinen Erfolg sagt: »Das war doch nichts Besonderes«, schreiben Sie dies auf Ihre Tafel und wischen es weg. Anstelle dessen notieren Sie: »Ich erkenne jedes kleine Etappenziel als Erfolg an.«

Der Supercoach

Wenn wir unterwegs sind, um unsere Ziele zu erreichen, gibt es zum Glück nicht nur negative, sondern auch positive Stimmen. Meist überwiegen die negativen. Deshalb ist es auch ganz wichtig, ein Gleichgewicht zu schaffen und die positiven und aufbauenden Stimmen anzuhören und zu verstärken. »Ach komm, das schaffst du!«, oder: »Du bekommst das hin, das wird schon.« Ermuntern Sie sich auch so oder so ähnlich, wenn es anstrengend wird? Doch vielleicht registrieren Sie gleichzeitig auch eine andere Stimme, die die positiven Worte zunichtemacht oder übertönt. Oft gibt es nämlich einen Diskurs zwischen dem inneren Kritiker und der positiven Stimme, bei welchem nicht selten der Kritiker gewinnt und wir uns geschlagen geben.

BEISPIEL

Sie sollen eine Präsentation vor Ihrem Vorgesetzten halten. Ihr Problem: Sie haben nur einen Tag Zeit für die Vorbereitung. Es ist bereits Nachmittag. Die Präsentation steht zwar schon, doch Sie fühlen sich nicht wirklich sicher damit. Und dazu werden Sie ständig von Kollegen gestört und um Rat gebeten. Zweifel stellen sich bei Ihnen ein und schließlich schlägt der Kritiker zu: »Du schaffst das nicht. Alle werden lachen und du wirst dich blamieren.« Je später der Nachmittag wird, desto mehr gerät der Kritiker in Fahrt: »Das wird so schlecht werden! Du wirst nie befördert. Eigentlich kannst du gleich aufhören und dir einen neuen Job suchen. Dein Chef wird sehen, was für eine Niete du bist ...«

Nehmen wir einmal an, genau in diesem Moment klopft es an Ihre Bürotür und Ihr bester Freund oder Ihre beste Freundin steht vor der Tür. Was würde er oder sie Ihnen in dieser Situation sagen? Vielleicht: »Du hast schon so viele Präsentationen sehr gut gehalten. Du schaffst das sicher prima. Dein Chef schätzt dich sehr. Und du wirst es wie immer sehr gut machen. Du atmest jetzt tief durch und dann geht es weiter an die Vorbereitung. Du sagst zu allen Störungen von außen ganz klar Nein und verinnerlichst die Präsentation. Anschließend gehst du heim und tust dir etwas Gutes und machst dir einen gemütlichen Abend mit einem Glas deines Lieblingsrotweins.« Und schon geht es Ihnen besser. Der Kritiker ist verstummt.

Leider haben wir nicht immer unseren besten Freund oder unsere beste Freundin zur Hand. Als Erwachsene sind wir in schwierigen Situationen meist auf uns gestellt. Aber auch wir selbst können etwas tun: Wir können uns die Anerkennung und Zuwendung selbst geben. Wir können uns liebevoller und achtsamer begegnen.

Und genau deswegen möchte ich Sie einladen, Ihren ganz persönlichen inneren Supercoach zu installieren. Ihr Supercoach spricht in ähnlichen Worten, wie es Ihre besten Freunde tun würden. Er steht Ihnen immer zur Seite, wenn es schwierig und anstrengend wird. Und wenn wir uns auf den Weg machen, unsere Ziele zu erreichen, wird es bestimmt zwischendrin mal schwierig und anstrengend.

Wenn Sie in einer solchen Situation sind, dann überlegen Sie: Was würde mein bester Freund bzw. meine beste Freundin jetzt zu mir sagen? Am besten, Sie ziehen sich gedanklich und auch physisch aus der schwierigen Situation heraus und lassen dann Ihren inneren Freund und Ihre innere Freundin zu sich selbst sprechen. Dieser Supercoach wird vermutlich sehr wertschätzende, anerkennende und liebevolle Worte für Sie finden.

Übung: Mein Supercoach macht mir Mut

Wenn es anstrengend wird, brauchen wir Ausdauer und Mut, um weiter zu machen. Schreiben Sie alle Sätze auf, die Ihnen Mut machen. Halten Sie diese Sätze in Ihrem Ziel-Tagebuch fest, so dass Sie darauf zugreifen können, wenn Sie vor Herausforderungen stehen.

Wenn Sie in eine schwierige Situation geraten, denken Sie an Ihren wohlwollenden und wertschätzenden Begleiter, der Sie mit Ihren Mut-Sätzen aufbaut.

BEISPIEL

Eine meiner Klientinnen lässt ihren Supercoach ein bestimmtes Lied aus der Schublade ziehen, und zwar den Song »Tage wie diese« von der Düsseldorfer Band »Die Toten Hosen«. Sie hört ihn sehr laut und sagt sich dazu innerlich ihre persönlichen Mut-Sätze. All dies hilft ihr, durchzuhalten und weiter zu machen. Davon gestärkt kann sie sich wieder in Richtung ihres Ziels bewegen.

Der Kriegeranteil in uns

Der vierte Begleiter auf dem Weg zu unserem Ziel ist Ihnen vielleicht eher fremd. Für ein erfülltes Leben und um unsere Ziele zu erreichen, benötigen wir eine gute Verbindung zur Kraft der Kriegerin bzw. des Kriegers in uns. Vielleicht stört Sie der Begriff Krieg, der für die meisten von uns mit negativen Assoziationen verknüpft ist. Doch Aggression und Wut sind hier nicht gemeint. Es geht um eine sehr positive Kraft in Ihnen. Und wenn wir diese Kraft erkennen und die friedvolle Kriegerin bzw. den friedvollen Krieger in uns annehmen und ihre Stimme in uns zulassen, erleben wir unsere eigene machtvolle Kraft Dinge anzupacken.

Die Kriegerin bzw. der Krieger erinnert uns daran, unsere innere Kraft immer wieder zu sammeln. Sie bzw. er ist wie ein friedvoller Schütze mit Pfeil und Bogen in der Hand, fokussiert auf das Ziel. Der Krieger oder die Kriegerin hilft uns, unsere Achtsamkeit nach innen und außen zu verfeinern und unsere Wahrnehmung zu schärfen.

Unsere innere Haltung entscheidet, ob wir das Glas halbvoll oder halbleer sehen. Nur beim Blick auf das halbvolle Glas richten wir unseren Fokus auf unseren Einflussbereich. Unsere Haltung prägt unsere Einstellung und unsere Einstellung zeigt sich in unseren Handlungen. Schon der römische Kaiser und Philosoph Marc Aurel sagte: »Auf die Dauer nimmt die Seele die Farbe deiner Gedanken an.« Unser innerer Krieger handelt ganz in seiner Kraft und in seinem Einflussbereich. Er ist ganz in seiner gegenwärtigen Kraft und verurteilt nicht. Diese Figur hilft uns, unsere Kräfte zu bündeln und Bewertungen zu minimieren, um auf unser Ziel fokussiert zu bleiben. Dabei erkennt sie den richtigen Moment zum Handeln und schreitet Schritt für Schritt voran, ohne sich aufhalten zu lassen. Ihre Absicht ist klar: Sie gibt sich dem Leben und Ihren Zielen hin.

Kennen Sie Menschen, die selbst im größten Stress fokussiert auf ihre Aufgabe bleiben und die Ruhe behalten? Sie wirken klar und entschlossen, mit sich selbst im Reinen und sind dabei nicht verkrampft. Sie haben es nicht nötig andere abzuwerten, sondern bleiben friedvoll und achtsam mit sich und auf ihr Ziel konzentriert.

Geben Sie dem Kriegeranteil in sich Raum und lassen Sie seine Kraft zu. Friedvoller Kampfgeist ist wichtig, um Ziele zu erreichen. Es geht darum, die richtige Portion Kraft, Kampfgeist und Fokussierung für sich selbst zu entwickeln. Und beizeiten geht es auch darum,

- sich auf Veränderungen einzustellen,
- nicht daran festzuhalten, wenn Dinge nicht so laufen, wie wir wollen, oder wenn sie sich anders darstellen, als ursprünglich geplant,
- die Schuld weder bei sich noch bei anderen zu suchen,
- mutig bei sich zu bleiben, auch wenn wir Ziele einmal nicht erreichen, und uns mutig wieder neuen Zielen zuzuwenden.

Das Leben ist Veränderung und unser Kriegeranteil hilft uns dabei, in unserer Kraft zu bleiben.

Übung 1: Meinen Kriegeranteil stärken

Zunächst geht es darum, Ihre innere Kriegerin bzw. Ihren inneren Krieger überhaupt zu sehen und zu würdigen.

- In welchen Situationen sind Sie in Ihrer Kraft und Stärke? Wie fühlt sich das an?
- Was hilft Ihnen dabei, ruhig und gelassen zu bleiben?
- Schreiben Sie alles auf, was Ihnen als Antwort auf diese Fragen in den Sinn kommt.

Atmen Sie bei dieser Übung ganz tief in Ihren Bauch ein, so dass dieser sich nach außen wölbt und beim Ausatmen wieder nach innen bewegt. Das bewusste Atmen unterstützt Sie dabei, Ihren Körper besser zu kontrollieren und bei der Reflexion ruhig zu bleiben.

Übung 2: Die innere Kriegerin/den inneren Krieger als Schutzpatron nutzen

Diese Übung hilft Ihnen, schwierige Situationen auf dem Weg zu Ihrem Ziel souveräner und besser zu meistern.

Setzen Sie in solchen Fällen Ihre Kriegerin bzw. Ihren inneren Krieger symbolisch auf Ihre Schulter. Installieren Sie diese Figur als Ihren Schutzpatron, der Sie beschützt und Ihnen Kraft und Gelassenheit gibt.

Das innere Kind

Der fünfte Gefährte in der illustren Runde ist unser inneres Kind. Es symbolisiert den empfindsamen Teil der Seele, der sehr verletzlich und von ganz ursprünglichen Bedürfnissen geprägt ist. Schon als Embryo im Mutterleib erfahren wir zwei Dinge: Verbundenheit und Wachstum. Wir sind mit der Mutter verbunden, sind sicher und dürfen Tag für Tag wachsen. Auf der Welt angekommen, suchen wir stets wieder diese Erfahrungen:

Verbundenheit und Wachstum. Dieses Prinzip gilt in der Familie genauso wie später im Beruf: Mitarbeiter wollen sich mit ihrem Unternehmen verbunden fühlen und Entwicklungsmöglichkeiten erhalten. Nur dann sind sie bereit, sehr gute Leistungen zu erbringen.

Was wir aus der Kindheit mitnehmen

Nun ist es so, dass das Selbstwertgefühl des Kindes durch den Kontakt, also die Verbindung mit anderen Menschen, geprägt wird. Hier spielen unsere ersten Bezugspersonen – meist sind das die Eltern – eine tragende Rolle. Je nachdem, wie unsere Eltern mit uns umgehen, wie sie uns versorgen, erfahren wir als Kind, wer wir sind. Sind wir willkommen? Werden wir geliebt? Sind wir, so wie wir sind, in Ordnung? Als Kind denken wir darüber nicht nach; wir erfahren es und speichern es tief in uns ab.

Unsere Eltern erziehen und behandeln uns meist in bester Absicht. Doch oft sind sie auch in ihren eigenen Mustern gefangen. Da kommt es schon einmal vor, dass Liebe nur gegen Leistung geschenkt wird. Häufig hat das Elternteil Gleiches in seiner eigenen Kindheit erfahren. Es kann vorkommen, dass Eltern, die sonst sehr liebevoll erziehen, in einem Leistungsbereich sehr anspruchsvoll sind und zu früh zu viel verlangen oder dem Kind nichts zutrauen. Manche Eltern sind selbst stark im Stress und nehmen in dieser Zeit keine Notiz vom Kind, das sich vernachlässigt fühlt. Auch im Kindergarten und in der Schule kann es Situationen geben, die das Selbstwertgefühl von Kindern schwächen.

Streifen Sie die Päckchen der Kindheit ab

Es gibt viele Beispiele, die ich hier beschreiben könnte. Doch es geht nicht darum, mit dem Finger auf andere zu zeigen und sie ihrer Fehler zu überführen. Auch in bester Absicht werden Fehler gemacht. Wir sind alle Menschen. Die Frage ist vielmehr: Welche Auswirkungen haben diese Fehler auf uns, und wie gehen wir damit um? Wenn unser Selbstwert einen Knacks hat, dann sind Tür und Tor weit offen für den Kritiker. Er versucht, unsere Minderwertigkeitsgefühle und unseren Selbstwertmangel wieder anzustacheln. Der Kritiker peitscht uns dann oft an: Wenn wir gelernt haben, dass gute Leistungen zu Belohnung und Liebe führen, sorgt er dafür, dass wir mehr leisten, damit wir mehr geliebt werden oder uns mehr geliebt fühlen. Oft setzen wir als Erwachsene genau dieses als Kind verinnerlichte Verhalten fort. Dann vernachlässigen wir unsere Bedürfnisse und Gefühle, indem wir uns innerlich abwerten und unserem Kritiker freie Bahn lassen, sich voll zu entfalten. Doch auch wenn Eltern, Lehrer, Verwandte oder andere Menschen negativen Einfluss auf unseren Selbstwert genommen haben, ist als Erwachsener ausschließlich eine Person wirklich für Sie verantwortlich: Sie selbst. Nehmen Sie Ihr Schicksal also selbst in die Hand. Warten Sie nicht auf den Prinzen, die Prinzessin oder ein Wunder, das Sie erlöst. Sie können sich nur selbst retten. Das ist eine gute Nachricht. Wer allein für sich selbst verantwortlich ist,

ist von niemandem anderen abhängig. Das verleiht Ihnen Kraft und Freiheit, aber auch Verantwortung für sich selbst.

Gehen Sie in die Eigenverantwortung und hören Sie auf die Stimme Ihres inneren Kindes. Es hat alle seelischen Verletzungen aus der Kindheit gespeichert und kann sehr hilflos sein. Es neigt dazu, Reaktionen von anderen auf sich selbst zu beziehen. Es trägt aber auch unbeschwerte Lebensfreude und Kreativität in sich. Um mehr Freude und Begeisterung in Ihr Leben zu bringen, lohnt es sich daher, auf Ihr inneres Kind zu blicken.

Schließen Sie Freundschaft mit ihm. Wenn der Kritiker das Kind in uns wieder unterdrückt, halten Sie kurz inne und fragen Sie sich, welches Bedürfnis des inneren Kindes jetzt gerade erfüllt werden will.

BEISPIEL

Eine meiner Klientinnen hatte einen sehr erfolgreichen und disziplinierten Vater. »Ohne Fleiß kein Preis« war dessen Devise. Disziplin wurde immens großgeschrieben. Diese Disziplin gab er an sie weiter: Wenn sie fleißig und diszipliniert in der Schule war und gute Noten schrieb, verwöhnte er sie. Wenn es nicht so gut lief, dann nahm er sie kaum wahr. Als Erwachsene führte meine Klientin das von ihrem Vater Erlernte fort. Sie war sehr diszipliniert und ging sehr hart mit sich um. Als sie bemerkte, dass ihr vor lauter Disziplin die Lebensfreude abhandengekommen war, wurde sie sehr traurig. Sie beschloss, sich wieder mehr ihrem inneren Kind mit seinen Bedürfnissen nach Anerkennung und Lebensfreude zu widmen. Den Kritiker mäßigte sie von Zeit zu Zeit immer mehr und legte die Disziplin-Messlatte niedriger. Sie erlaubte sich, neben der Arbeit Dinge zu tun, die sie mochte und liebte: Malen und in der Natur sein. Mit der Zeit wurde sie zufriedener und ausgeglichener.

Mein Date mit mir selbst

Im Prinzip geht es darum, unseren Selbstwert zu steigern und zu nähren, um innerlich ausgeglichen zu sein und in der Erwachsenen-Position auf unser Ziel zu fokussieren.

Verabreden Sie sich mit sich selbst, auch wenn nur Zeit für ein Speed-Dating ist. Jedes noch so kleine Zeitfenster der Selbstfürsorge zählt. Das kann ein halber Tag für Sie selbst sein oder auch eine Stunde oder nur dreißig Minuten. Wichtig ist, dass Sie es als wirkliche Verabredung sehen. Und wenn jemand dazwischenfunken will, sagen Sie ruhig, dass Sie verabredet sind. Der andere muss nicht wissen, mit wem. Sie sind genauso wichtig wie jede andere Person, mit der Sie sich treffen.

Wenn Sie nur Zeit für ein Speed-Dating mit sich selbst haben: Tanzen Sie fünf Minuten auf Ihr Lieblingslied, das macht gute Laune. Oder hören Sie 15 Minuten Musik. Entspannen Sie sich und denken Sie dabei an die Dinge, die derzeit gut laufen.

Füllen Sie Ihr Selbstwertkonto

Eigenlob stimmt: Nehmen Sie sich jeden Tag 10 Minuten und denken Sie darüber nach, was Sie gut können und welche kleinen Erfolge Sie erzielt haben. Verwöhnen Sie sich von Zeit zu Zeit mit einem kleinen Geschenk an sich selbst.

Mit dieser Intervention lernen Sie es, kleine Dinge anzuerkennen. Sie zahlen damit auf Ihr Selbstwertkonto ein. Mit dem Fokus auf Erfolg und nicht auf Mangel lernen Sie eigene Leistungen anzuerkennen. Das wird Sie auf Dauer stärken.

So wird Ihr Team zum Erfolgsteam

Sie kennen nun die einzelnen Protagonisten in Ihrem Team und wissen, welche Rolle sie spielen. Werfen wir nun einen Blick auf das Team, das sie alle miteinander bilden. Im Idealfall geht es in diesem Team gleichberechtigt zu. Was zeichnet ein Erfolgsteam im Berufsleben aus? Ganz klar:

- Vielfalt,
- jeder ist in seiner Stärke und agiert dann, wenn es zielführend ist,
- gegenseitige Anerkennung,
- gute Zusammenarbeit.

Diese Erfolgsfaktoren können wir direkt auf unser inneres Team übertragen. Es setzt sich zusammen aus vielfältigen Charakteren. Keiner dieser Gefährten sollte ausgegrenzt werden. Denn in unserem Inneren ist es wie im Arbeitsleben: Wer ausgegrenzt wird, schreit auf oder wird traurig oder gar krank. Daher ist es wichtig, alle unsere Gefährten zu erkennen und anzuerkennen. Dem Grunde nach ist keiner davon gut oder schlecht. Es geht vielmehr darum, alle in ein gutes Lot zu bekommen: Je nachdem, welches Ziel Sie sich gesetzt haben und wessen

Stärken gerade am meisten gebraucht werden, greifen Sie auf dieses Teammitglied zu.

Bestenfalls herrscht eine sehr moderne Art der Zusammenarbeit in unserem Team, und zwar eine agile: Das Teammitglied, das gerade nicht dran ist, tritt eigenverantwortlich zurück, scheut sich aber auch nicht, die Initiative zu übernehmen, wenn es gebraucht wird. Wir sollten unser inneres Team in Eigenverantwortung agieren lassen können. Dazu ist wichtig, dass jeder weiß, wo seine Stärken liegen. Ebenso wichtig ist, dass er dafür von den anderen auch Anerkennung erhält. Wenn wir gut in unserem Erwachsenen-Ich ruhen, liegt die Voraussetzung für eine optimale Zusammenarbeit vor. Dann können wir den situativen Führungsstil pflegen. Das bedeutet, dass jedes Teammitglied situativ dann in Führung geht, wenn es gebraucht wird.

BEISPIELE

Reise: Wenn ich mir Urlaub genommen habe und Erholung möchte, darf der Faulpelz in die Teamführung gehen. Die anderen Mitglieder dürfen sich entspannen. Das innere Kind wird besonders ernst genommen in dieser Zeit und darf sich mit seinen Wünschen und Bedürfnissen ausleben, z. B. im Meer baden, Wasserski fahren oder einfach die Seele mit Blick auf das Meer baumeln lassen.

Prüfung: Steht eine Prüfung an, bekommt der Faulpelz Urlaub. Die Kriegerin spendet die notwendige Kraft. Der Supercoach unterstützt, wenn es anstrengend wird. Der Kritiker passt auf, dass alles akribisch gut gelernt wird. Das innere Kind wird auch gehört: An einem Tag der Woche sorgt es für Ausgleich, darf auch mal verrückte Dinge tun.

Was sagt Ihr inneres Team zu Ihrem Ziel?

Kommen wir nun auf Ihr Ziel zurück: Lassen Sie uns dazu wiederum einen Blick auf Ihre inneren Teammitglieder werfen. Nehmen Sie sich in einem ruhigen Augenblick ein paar Minuten Zeit. Wenn Sie jetzt ganz fest an Ihr Ziel denken, was sagen Ihre fünf inneren Begleiter zu Ihnen? Welche Sätze hören Sie? Schreiben Sie die Aussagen nacheinander auf.

- Mein innerer Faulpelz sagt:
- Mein innerer Kritiker sagt:
- Mein innerer wohlwollender Begleiter sagt:
- Meine innere Kriegerin/mein innerer Krieger sagt:
- Mein inneres Kind sagt:

Vielleicht fällt es Ihnen noch schwer, Sätze für den wohlwollenden Begleiter, die Kriegerin und das innere Kind zu finden. Das macht nichts. Dann können Sie diese später ergänzen. Wichtig ist, dass wir alle Aussagen unserer inneren Stimmen im ersten Schritt wirklich hören und wahrnehmen. Denn in unserem Inneren ist es wie in der Außenwelt: Wer nicht gesehen und gehört wird, kann ganz schnell frustriert sein oder rebelliert sogar.

Auf einen Blick: Mein Team zur Zielerreichung

- Jeder von uns hat unterschiedliche Persönlichkeitsanteile in verschiedenen Ausprägungen. Dieses innere Team spielt auch eine Rolle bei Zielen. Einige Anteile wirken sich blockierend, andere unterstützend aus.
- Der innere Schweinehund, der Faulpelz in uns, will uns schonen, hält uns aber auch gerne ohne Not davon ab, unser Ziel zu verfolgen.
- Dem Kritiker in uns können wir es nie recht machen. Er spornt uns zu Hochleistung an. Je weniger ausgeprägt unser Selbstwertgefühl ist, desto lauter ist seine Stimme.
- Eine unterstützende Kraft kommt von unserem Supercoach-Anteil. Er nimmt uns bei der Hand, wenn es schwierig wird und feuert uns an: »Du schaffst das!«
- Der kriegerische Anteil verleiht uns Mut, Durchsetzungsfähigkeit und schenkt uns die notwendige Kraft weiterzumachen.
- Das innere Kind symbolisiert unser Bedürfnis nach Verbundenheit und Zuwendung. In ihm setzt sich das fort, was wir in unserer Kindheit erlebt haben.
- Wer es schafft, die Anteile in einer ausgewogenen Balance zu halten, hat sein Ziel so gut wie erreicht.

Los geht's mit der 3-D-Strategie

Durchsetzen – Durchhalten – Durchstarten: Diese 3-D-Strategie hilft Ihnen, Hürden auf dem Weg zum Erfolg zu meistern und typische Stolpersteine und Fallen zu umgehen.

Sie unterstützt Sie dabei,

- Widerstände zu überwinden,
- dranzubleiben, auch wenn es schwer und anstrengend wird,
- mit Schwung, Kraft und Energie ins Ziel zu kommen.

Letzter Ziel-Check

Bevor wir uns auf den Weg zum Ziel machen, checken wir zum letzten Mal unser Ziel, unseren Rucksack für die Reise und prüfen unsere Ausstattung daraufhin, ob wir alles Wichtige dabeihaben.

Ihre Reise-Checkliste	
Sie haben Ihr Ziel definiert und es genau und klar vor Augen.	
Sie wollen Ihr Ziel wirklich, wirklich erreichen.	
Sie haben den Grund, wofür Sie das Ganze machen, machtvoll und emotional stark für sich aufgeladen.	
Ihr Ziel stimmt mit Ihren wichtigen Werten überein.	
Sie kennen Ihr inneres Team und wissen, welche Teammitglieder Sie besonders im Auge behalten sollten.	
Sie haben Möglichkeiten, unterwegs Ihren Selbstwert zu stärken.	
Sie sind bereit, über Los zu gehen.	

Können Sie hinter all diese Aussagen ein Häkchen setzen, sind Sie bereit für die 3-D Strategie. 3-D steht für:

- Durchsetzen
- Durchhalten
- Durchstarten

Sich durchsetzen: Aller Anfang ist schwer

Jede Reise, jeder Weg startet mit einem ersten Schritt. Sechs von zehn Menschen in Deutschland kennen das Problem, dass sie sich ein Ziel vornehmen und schon beim allerersten Schritt scheitern (Studie im Auftrag des Softwareunternehmens Olik aus dem Jahr 2014). Sie ahnen schon, wer von den Teammitgliedern mit am Start steht? Sind wir gerade dabei, uns in Richtung Ziel aufzumachen, hält der innere Faulpelz ein großes Stoppschild hoch und verhindert unseren ersten Schritt. Kein Wunder also, dass jede zweite der befragten Personen sagt, dass sie einen guten Vorsatz schon einmal nicht umgesetzt hat. Ein ganzer Friedhof mit guten Vorsätzen entsteht Mitte Januar – also dann, wenn viele Silvester-Pläne gescheitert sind. Hier gibt es eine große Faulpelz- oder innere Schweinehund-Party. Gerne und häufig gesehener Gast auf diesem Fest ist auch der innere Kritiker. Er wertet uns ab oder macht unser Ziel schlecht. Ihm fällt immer etwas Kritisches dazu ein.

Widerstände überwinden

Wenn Sie Ihr Ziel vor Augen haben: Was ist Ihr erster kleiner Schritt dahin? Wenn Sie Ihren Plan zur Zielerreichung ansehen: Ist die erste Tat dafür mit Unwohlsein verbunden? Dann hat der innere Faulpelz vermutlich zugeschlagen. Geht es um die Überwindung, den ersten Schritt zu machen? Kommen Sie nicht aus Ihrer Komfortzone heraus? Oder vielleicht spricht der innere Kritiker zu Ihnen: »Du schaffst das eh nicht. Das Ziel steht dir nicht zu. Es ist zu groß. Du wirst dich blamieren.« Alle abwertenden Stimmen gehören zum inneren Kritiker. Hören Sie gut auf die jeweiligen Stimmen und finden Sie heraus, von welchem inneren Begleiter sie kommen. Um sich gegen den Widerstand durchzusetzen, müssen Sie wissen, woher er kommt und welchen Zweck er verfolgt.

Übung: Mein Durchsetz-Pas-de-deux

Nutzen Sie die Energie Ihres Widerstands und setzen Sie sie frei. Das gelingt mit dieser Übung, dem Durchsetz-Pas-de-deux. In einem Pas-de-deux tanzt man sehr eng mit seinem Partner, dirigiert ihn in die richtige Richtung. Tanzen auch Sie den Pas-de-deux, und zwar mit Ihrem Widerstand, indem Sie ihn wahrnehmen, seine gute Absicht erkennen und ihn in eine positive Richtung bewegen. Welcher innere Gefährte hat sich als Tanzpartner eingeschaltet?

1. Was sagt er oder sie? Vermutlich werden hier negative Aussagen stehen. Diese Gedanken schwirren in uns herum und führen oft zur Problemtrance. In einen solchen Zustand begeben wir uns, wenn wir uns stets auf Probleme konzentrieren. Wie in einer Trance wiederholen wir diese und können an nichts anderes mehr denken.
2. Welche gute Absicht versteckt sich dahinter?
3. Formulieren Sie jetzt die negativen Aussagen in positive um und begründen Sie diese. Problem und Lösung unterscheiden sich sehr voneinander. Um in Richtung Lösung zu denken, müssen wir uns für etwas Neues öffnen und quasi einen neuen Raum betreten. Aus Negativem wird etwas Positives. Öffnen Sie Ihren Lösungsraum.

BEISPIEL

Pas de deux mit dem inneren Kritiker: 1. Sagt: »Du schaffst das eh nicht.« / 2. Gute Absicht dahinter: Will mich vor Misserfolgen schützen. /3. Negatives in Positives wandeln: »Ich schaffe das, weil ...«

Pas de deux mit dem inneren Faulpelz: 1. Sagt: »Morgen ist auch noch ein guter Tag zu beginnen.« / 2. Gute Absicht dahinter: Will, dass ich mich ausruhe. / 3. Negatives in Positives wandeln: »Ich fange heute an, weil ...«

Oftmals gibt es Widerstand in uns selbst; er kann aber auch von außen kommen. Es kann passieren, dass andere Menschen uns abwerten, unser Ziel schlechtmachen oder es erschweren, unser Ziel zu erreichen.

BEISPIEL

Ich erinnere mich noch an mein erstes Management Training. 12 Teilnehmer, zwei Tage mittleres Management Leadership-Training. Ich war sehr gut vorbereitet. Ich hatte einen Trainingsleitfaden und schöne Folien erstellt und kannte alle Leadership-Modelle und -Thesen. Es konnte eigentlich nichts schiefgehen ...

Am Ende des ersten Tages sagten sechs von 12 Teilnehmern, sie würden am zweiten Tag nicht mehr kommen. Das Training interessiere sie nicht. Ich war geschockt. Was tun? Abends, allein im Hotelzimmer, war ich verzweifelt und habe geweint. Der Widerstand kam nicht nur von den Teilnehmern, auch mein innerer Kritiker sparte nicht damit: »Lass es bleiben, du schaffst das eh nicht. Du bist nicht gut genug.« Es sah danach aus, als wäre meine Trainerkarriere schon nach den ersten Schritten zum Scheitern verurteilt.

Glauben Sie mir, ich wollte nur noch nach Hause. Doch ich gab nicht auf. Ich habe dem Widerstand meines inneren Kritikers ins Auge gesehen. Ich habe erkannt, dass sich dahinter die Angst zu scheitern verbarg. Ich habe mit ihm getanzt, seine Energie auf- und meine große Angst angenommen. Dann habe ich mich von lieben Menschen aufbauen lassen und das Training ein wenig umkonzipiert. Am nächsten Tag habe ich es fortgeführt. Es war kein Glanztraining, doch ich war stolz auf mich, dass ich es bis zum Ende durchgezogen habe.

Aller Anfang ist schwer. Scheitern gehört dazu. Trotz dieses Rückschlags habe ich nicht damit aufgehört, Trainerin zu sein. Und dieser Entschluss lohnte sich: Später habe ich Bestbewertungen erhalten. So urteilte einer meiner Kunden: »Ich kam im Widerstand und ging in Freude. Danke, Susanne Nickel, für das hervorragende Training.«

Um Widerstand zu überwinden, brauchen wir einen starken Willen. Diesen haben wir dann, wenn wir etwas unbedingt wollen, weil es uns sehr wichtig ist. Wie stark ist Ihr Wille, Ihr Ziel zu erreichen, auf einer Skala von 1 bis 10? 1 bedeutet sehr gering ausgeprägt, 10 bedeutet sehr stark ausgeprägt. Wo steht Ihr Wille auf dieser Skala?

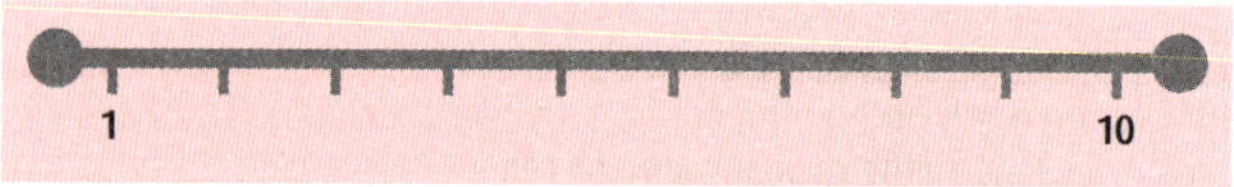

Sie sollten hier höher als 7 liegen. Sonst stellt sich die Frage, wie wichtig es Ihnen überhaupt ist, Ihr Ziel zu erreichen.

Zwei Schlüssel zum Erfolg: Begeisterung und Leidenschaft

Was braucht es noch, damit Sie Ihr Ziel erreichen? Es gibt zwei weitere Erfolgsfaktoren: Begeisterung und Leidenschaft. Kinder legen sie ganz natürlich an den Tag, wenn sie die Welt entdecken.

BEISPIEL

Bereits mit neun Jahren wollte ich Tänzerin werden. In meiner Familie in Ludwigshafen war Ballett bisher kein Thema gewesen, fast alle arbeiteten ganz bodenständig in der BASF. Es wollte jedoch nur so aus mir raus und ich war so begeistert vom Tanzen, dass ich mir in Ludwigshafen selbst eine Ballettschule gesucht habe. Und später habe ich sogar bei Pina Bausch, einer Tanzkoryphäe und bedeutenden Choreographin, Tanz studiert. Begeisterung und Leidenschaft fürs Tanzen haben mich dahin geführt und kein Widerstand konnte dagegen ankommen.

Jetzt könnten Sie sagen, als Kind ist das doch etwas ganz anderes! Als Erwachsener ist es viel schwieriger, seine Träume mit Begeisterung und Leidenschaft zu leben.

BEISPIEL

Nehmen wir einmal an, ein 70-jähriger Mann bekommt von seinen Freunden am Stammtisch den Rat, dass er doch Spanisch lernen solle. Schließlich sei Spanisch eine wichtige Weltsprache. Was meinen Sie: Wird der ältere Herr sich aufraffen, um Spanisch zu lernen? Wohl eher nicht.

Gehen wir nun von einer leicht abgewandelten Situation aus: Der 70-Jährige ist alleinstehend. Er geht gern auf Ausstellungen und lernt dort eine attraktive 60-jährige Spanierin kennen, die kein Wort Deutsch spricht. Was meinen Sie: Wird der Mann nun Spanisch lernen wollen? Die Antwort liegt auf der Hand. Ja, natürlich – denn Begeisterung und Leidenschaft sind vorhanden.

Begeisterung und Leidenschaft erleichtern den Start und die Überwindung, etwas Neues zu lernen. Sie helfen uns sehr dabei, dass wir uns unseren Veränderungen und Zielen mutig stellen.

> Jeder Mensch brennt für etwas. Es lohnt sich, es zu finden.

Gute-Laune-Loops zum Durchsetzen gegen Faulpelz und Kritiker

Stellen Sie sich vor, Sie arbeiten in einem Theater, das bekannte Tanzstücke aufführt. Welchen Job hätten Sie lieber? Wollen Sie im Theater auf Anweisung Requisiten für die Tänzer auf der Bühne platzieren? Sie arbeiten dann streng nach Anweisung und tragen Requisiten von einem Ort zum anderen. Den ganzen Tag tun Sie, was jemand anderes Ihnen vorschreibt. Oder wollen Sie der Choreograph des Tanztheaters sein, der vorgibt, wie sich wer zu bewegen hat? Der Choreograph inszeniert das Stück und nach seiner Anweisung wird gehandelt. Alle tanzen nach seiner Pfeife.

Übernehmen Sie die Choreographie für Ihren Erfolg. Die folgenden Gute-Laune-Loops helfen Ihnen dabei, Choreograph für sich und Ihre Ziele zu sein. Übernehmen Sie die Führung über sich selbst und nutzen Sie die Loops, um sich aufzubauen und zu stabilisieren. Sie halten damit Ihren Faulpelz und den Kritiker im Zaum und weisen diesen beiden schwierigen Hauptdarstellern die richtige Rolle zu.

Gute-Laune-Loop Nr. 1: Der Faulpelz-Schrittmacher

Helfen Sie dem Faulpelz, die ersten Schritte zu gehen.

- Reiz: Mein innerer Faulpelz hält mich von meinem Vorhaben ab.
- Reaktion: Nichtstun. Ich fange erst gar nicht an. Ich lasse es bleiben.

Gute-Laune-Loop Nr. 1: Faulpelz-Schrittmacher	
Schritt 1: Reiz wahrnehmen	Im ersten Schritt geht es wie bei jedem Gute-Laune-Loop darum, den Reiz bewusst wahrzunehmen. Nur, was wir bewusst erkennen, können wir verändern. Seien Sie achtsam. Wer führt Sie gerade? Wer ist der Choreograph? Handelt es sich um eine bewusste Entscheidung?
Schritt 2: Gute-Laune-Loop drehen und Handlungsspielraum schaffen	Verweisen Sie den Faulpelz auf die Ersatzbank. Finden Sie den ersten kleinen Schritt für Ihr Vorhaben und stellen Sie sich eine Belohnung dafür in Aussicht. Fokussieren Sie auf das Hier und Jetzt. Und los geht's: ▪ Jetzt fange ich an zu laufen. ▪ Jetzt räume ich die Wohnung auf. ▪ Jetzt stoppe ich meine negativen Gedanken und finde positive.
Schritt 3: Fahren Sie fort mit dem, was Sie sich vorgenommen haben.	

Gute-Laune-Loop Nr. 2: Den Supercoach zum Hauptdarsteller machen

Holen Sie den Supercoach auf Ihre Bühne und geben Sie ihm eine tragende Rolle.

- Reiz: Im Stress wertet mich mein innerer Kritiker ab. Will perfekt sein.
- Reaktion: Frustration, Wut, Verzweiflung, Ärger. Schaffe es nicht. Bin nicht gut genug.

Gute-Laune-Loop Nr. 2: Supercoach zum Hauptdarsteller machen	
Schritt 1: Reiz wahrnehmen	Auch hier geht es wieder darum, den Reiz wahrzunehmen, achtsam zu sein. Spüren Sie ganz bewusst die negative oder stressige Situation.
Schritt 2: Gute-Laune-Loop drehen	Legen Sie eine Schleife ein und fragen Sie sich: Was würde Ihr bester Freund oder Ihre beste Freundin, Ihr Supercoach, zu Ihnen sagen? Sammeln Sie alles, was Ihnen einfällt, und sagen Sie das innerlich zu sich selbst.
Schritt 3: Back to Reality	Fahren Sie fort mit Ihrer Reise. Nehmen Sie dabei Ihren Supercoach an die Hand: Sie können immer wieder in Gedanken auf Ihren besten Freund/Ihre beste Freundin zugreifen.

Gute-Laune-Loop Nr. 3: Wertschätzender Platzverweis für den Kritiker

- Reiz: Stress und Überforderung. Mein innerer Kritiker meckert.
- Reaktion: Frustration, Angst, Verzweiflung. Ich kann das nicht. Das ist zu schwer für mich.

Gute-Laune-Loop Nr. 3: Platzverweis für den Kritiker	
Schritt 1: Reiz wahrnehmen	Sie halten kurz inne und bemerken, dass der Kritiker Sie mal wieder abwertet.
Schritt 2: Fake it until you make it	Nehmen Sie Ihren Supercoach an die Hand und lassen Sie ihn auf Ihrer Bühne inszenieren. Den Kritiker verweisen Sie wertschätzend auf einen Platz in der letzten Reihe des Theaters. Gespielt wird das Stück »Ich kann alles«. Tun Sie, als ob Sie es könnten. Reden Sie es sich ein, dass Sie es können. Reden Sie es sich ein, dass Sie stark sind. Suchen Sie sich Vorbilder und beobachten Sie, wie diese es meistern. Imitieren Sie deren gute Eigenschaften. Gespieltes Selbstvertrauen zieht Erfolg nach. Und Erfolg führt wiederum zu echtem Selbstvertrauen.

Gute-Laune-Loop Nr. 3: Platzverweis für den Kritiker	
Schritt 3: Weitermachen	Gehen Sie weiter Ihren Weg zum Ziel und legen Sie die Schleife immer wieder ein. Es wird Sie stärken.

BEISPIEL

Ein gutes Beispiel, wie man das »Fake it until you make it«-Prinzip meisterhaft praktiziert, liefert Leonardo DiCaprio in der Gaunerkomödie »Catch me if you can«. Er wirkt so echt bei seinem Fake, dass alle ihm glauben und nicht an seinen Fähigkeiten zweifeln. Bei den Gute-Laune-Loops geht es natürlich nicht darum zu betrügen, sondern in spielerischer Weise sein Selbstvertrauen zu erhöhen.

Durchhalten, auch wenn es anstrengend wird

Durchhalten klingt unsexy, oder? Wir verbinden damit Durststrecken, Disziplin und Anstrengung. Wenn es darum geht durchzuhalten, könnte es unangenehm für uns werden. Leider kann ich Ihnen diesen Part nicht ersparen. Ohne Durchhalten kein Erfolg. Wenn Sie etwas wirklich wollen, dann fällt es Ihnen nicht schwer, dranzubleiben und auch schwierige Situationen auf dem Weg zum Ziel zu meistern. Daher noch einmal die Frage: Wollen Sie Ihr Ziel wirklich, wirklich? Lohnt es sich dafür durchzuhalten, auch wenn es schwer wird?

Wir erreichen unser Ziel nur, wenn wir es schaffen durchzuhalten. Und wir können uns gut fürs Durchhalten präparieren. Das macht es uns leichter, mit schwierigen Teilstrecken auf dem Weg zum Ziel und auch mit Misserfolgen umzugehen. Scheitern gehört dazu. Aufgeben ist einfach, durchhalten ist schwer.

BEISPIEL

Ballett ist Hochleistungssport. Es sieht leicht aus, ist jedoch harte Arbeit. Als ich Tanz an der Ballettakademie Mannheim und an der Folkwanghochschule bei Pina Bausch studierte, hatte ich von 9 Uhr morgens bis abends um 18 Uhr Training. Neun Stunden am Tag tanzen bedeutet neun Stunden am Tag Hochleistungssport. Es gab Momente, in denen ich einfach nicht mehr konnte. Wir hatten stundenlang Spitzenschuhe an. Mit Kappen über den Füßen gelingt es so, auf den Zehenspitzen zu tanzen. Leider reibt das an den Füßen. Und was passiert, wenn ein Schuh reibt? Es entsteht eine Blase. Für uns Tänzer war das jedoch kein Grund aufzuhören. Es reibt also weiter und die Blase platzt irgendwann. Und wir Eleven werden angefeuert: »Los, die nächste Pirouette. Kopf hoch, Attitude!« Die Zehen fangen an zu bluten. Die Pirouette klappt nicht richtig. Ich mache weiter und weiter. Erschwerend kommt hinzu, dass man beim Tanzen an den Füßen schwitzt, das ist dann wie Salz auf einer offenen Wunde. Glauben Sie mir, ich war kurz davor aufzuhören.

In solchen Momenten hat mir meine Großmutter Lina geholfen. Sie war eine reiselustige, bodenständige Frau, Mutter von sieben Kindern und hat den zweiten Weltkrieg überlebt. Sie hat mir einen ganz wichtigen Satz mit auf den Weg gegeben: »Susanne, halt durch, denn wer durchhält, bekommt etwas geschenkt«. Wenn ich dann abends zum Waschbecken gehumpelt bin, um meine Trikots zu waschen, habe ich mir diesen Satz gesagt und konnte am nächsten Morgen weitermachen. Nicht nur beim Tanzen, sondern immer dann, wenn es anstrengend wurde, habe ich mir diesen Satz wie ein Mantra gesagt: »Halte durch, denn wer durchhält, bekommt etwas geschenkt!« Und er hat mir geholfen weiter zu machen.

Schmeißen Sie nicht alles beim ersten Misserfolg hin. Lernen und Veränderungen laufen in Phasen ab, Anstrengung, Fehler und Misserfolge gehören dazu. »Es ist noch kein Meister vom Himmel gefallen.« – diese Aussage ist so alt wie wahr. Halten Sie durch, am Ende des Weges bekommen Sie die Belohnung für Ihre Mühen. Sie schaffen das! Egal, ob Sie sich eine Fortbildung, eine neue Sprache, eine Gewichtsreduktion, einen neuen Job oder etwas ganz anderes als Ziel gesetzt haben: Halten Sie durch trotz blutiger Zehen, Erschöpfung oder vieler Rückschläge. Die folgenden Gute-Laune-Loops helfen Ihnen dabei.

Loops zum Durchhalten und gegen schlechte Laune

Aufgeben ist einfach, durchhalten ist schwerer. Doch es lohnt sich. Vor jedem Ziel gibt es eine Durchhaltephase. Glauben Sie an sich. Sie sind es wert, Ihr Ziel zu erreichen, und Sie schaffen es dranzubleiben, auch wenn es zwischendrin anstrengend wird.

Gute-Laune-Loop Nr. 4: Der Überwindungs-Loop

Ihnen fällt es generell schwer, sich zu überwinden oder die Extra-Meile zu gehen, weil Ihr Faulpelz sich zu Wort meldet? Überwindung kann man üben, am besten mit diesem Überwindungs-Loop.

Gute-Laune-Loop Nr. 4: Überwindungs-Loop	
Schritt 1: Überwindungs-situationen festlegen	Überlegen Sie sich verschiedene alltägliche Situationen, anhand derer Sie das Überwinden üben wollen.
Schritt 2: Be a tough Cookie	Gehen Sie in diesen Situationen über Ihre Grenzen. Machen Sie mehr als geplant, z. B. jedes dritte Mal. Halten Sie negative Gefühle, die kommen, aus.
Schritt 3: Üben, üben, üben	Es fällt Ihnen jetzt Stück für Stück leichter, sich zu überwinden. Wenden Sie diese Technik nun auf Ihre verschiedenen Schritte zu Ihrem Ziel an.

BEISPIEL

Machen Sie statt zehn Liegestütze 20. Sie müssen staubsaugen? Nehmen Sie sich zusätzlich dazu eine Schublade vor, die Sie aufräumen. Gehen Sie bewusst Laufen oder Walken, auch wenn es regnet. Lesen Sie jeden dritten Abend Ihre neuen Vokabeln für 15 Minuten vor dem Einschlafen durch. Schmökern Sie jeden dritten Morgen bereits um 6 Uhr früh für dreißig Minuten in einem Fachbuch.

Kreieren Sie Ihre eigene Überwindungsschleife. Machen Sie etwas anders, etwas, bei dem Sie sich überwinden.

Gute-Laune-Loop Nr. 5: Die Kraft des Kriegers tanken

Ihnen steht eine anstrengende Situation bevor oder Sie sind schon mittendrin? Suchen Sie die Kraft der Kriegerin. Sie hilft Ihnen durchzuhalten.

Gute-Laune-Loop Nr. 5: Kraft des Kriegers tanken	
Schritt 1: Reiz wahrnehmen	Machen Sie sich die Situation bewusst: Sie merken, dass Sie kurz davor sind aufzugeben? Sie spüren die Anstrengung, die es Sie kostet, Ihr Ziel zu verfolgen?
Schritt 2: Kraft des Kriegers aktivieren	Um die Kraft Ihrer Kriegerin bzw. Ihres Kriegers zu spüren, ist es wichtig, dass Sie ganz bei sich bleiben. Ihr Kriegeranteil ist tief in Ihrem Inneren. Denken Sie an eine Situation in Ihrem Leben, in der Sie etwas Schwieriges gemeistert haben. Oder stellen Sie sich eine Situation vor, in der Sie stark waren. Atmen Sie tief in Ihren Bauch. Und sagen Sie sich z. B.: »Ich kann alles erreichen, was ich will. Ich bin stark und voller Kraft. Ich werde zu jeder Zeit in jeglicher Hinsicht gefördert und bin voller Vertrauen.« Was sagt Ihre Kriegerin, Ihr Krieger? Finden Sie einen passenden Satz für sich und schreiben Sie ihn auf einen Zettel.
Schritt 3: Kraftsatz nutzen	Legen Sie diesen Zettel in Ihren Geldbeutel oder kleben Sie ihn an Ihren Badspiegel oder an einen anderen Ort, an dem Sie häufig darauf blicken können. Zehren Sie von der Kraft, die er ausstrahlt. Ihr Kraftsatz hilft Ihnen durchzuhalten, auch wenn es anstrengend wird.

Gute-Laune-Loop Nr. 6: Psychohygiene mit dem Jammerstuhl

Dieser Loop hilft Ihnen, wenn es richtig, richtig anstrengend wird in Ihrem Leben und Ihnen danach zumute ist, den ganzen Stress abzuladen.

Gute-Laune-Loop Nr. 6: Psychohygiene mit dem Jammerstuhl	
Schritt 1: Reiz wahrnehmen	Spüren Sie in sich hinein: Nehmen Sie die ganze Anspannung, Ihren Stress, den Druck und die damit verbundenen negativen Gefühle wahr.
Schritt 2: Jammerstuhl installieren	Suchen Sie sich in Ihrer Wohnung einen Stuhl, der Ihnen fortan als »Jammerstuhl« dienen soll. Auf diesem Stuhl dürfen Sie so lange jammern, wie Sie wollen. Setzen Sie sich darauf und lassen Sie alles, aber auch alles, raus. Aber nur auf diesem Stuhl, nirgendwo sonst. Sobald Sie aufstehen, hören Sie auf zu jammern. Und wenn Ihnen wieder nach Zweifeln und Jammern ist, dann begeben Sie sich sofort auf diesen Stuhl.
Schritt 3: Weitergehen	Sofort nach dem Aufstehen hören Sie auf zu jammern. Konzentrieren Sie sich jetzt wieder auf Ihr Ziel und Ihre To-dos.

Durchstarten: Im Endspurt auf der Zielgeraden

Sie sind gestartet, haben Anfangsschwierigkeiten überwunden und sind drangeblieben. Sie haben nicht aufgegeben, sondern Sie haben weitergemacht und Anstrengungen in Kauf genommen.

Das dritte D der drei D-Strategie steht für Durchstarten. Hierbei geht es darum, in die Zielgerade einzulaufen und das Ziel zu erreichen.

Sind Sie dort, wo Sie sein wollen?

Auch wenn wir schon eine Weile an unserer Zielerreichung arbeiten, macht es Sinn, immer wieder nachzuspüren und zu prüfen, ob wir auf der richtigen Spur sind. Um unser Ziel zu erreichen und es greifbar nah zu erleben, müssen wir da, wo wir sind, richtig sein. Das heißt, wir sollten in einem Kontext sein, in dem wir unsere Stärken leben können und unsere Ressourcen uns tragen und uns auf dem Weg zu unserem Ziel unterstützen.

BEISPIEL

Mal angenommen, Sie haben einen erfolgreichen Abschluss in Jura. Ihr Ziel ist es ein hervorragender Rechtsanwalt, so z. B. ein Teamleiter in einer Großkanzlei zu sein. Sie treten Ihren ersten Job in einer solchen Kanzlei an und geben alles, kommen aber nicht voran und steigen auf der Karriereleiter nicht weiter auf.

Woran liegt es? Während Sie Ihr Bestes geben, bemerken Sie gar nicht, dass der Unternehmenskontext nicht mit Ihren Werten und inneren Vorstellungen übereinstimmt.

Manchmal tun wir alles, um unser Ziel zu erreichen und bemerken vor lauter Bestrebung weiterzukommen gar nicht, dass wir nicht in der richtigen Umgebung sind.

Der Karriereleiter-Check

Sie haben bisher auf dem Weg zu Ihrem Ziel alles richtiggemacht. Jetzt geht es darum, nachzujustieren und zu prüfen, ob und wo genau Optimierungsbedarf besteht und dem nachzugehen. Das kann z. B. erfordern, dass Sie ein eingefahrenes patriarchalisch geführtes Unternehmen verlassen und zu einem eher kreativen Start-up mit flachen Hierarchien wechseln.

BEISPIEL

Eine meiner Klientinnen war Krankenpflegerin in einem Krankenhaus. Sie wollte in ihrem Fach die Beste sein und auch eine leitende Funktion übernehmen. Sie arbeitete sehr viel für dieses Ziel. Doch irgendwie merkte sie nach einiger Zeit und vielen Anstrengungen, dass sie Probleme hatte, immer so nah im Kontakt mit dem menschlichen Körper zu arbeiten. Auch die Dienstzeiten machten ihr zu schaffen. Andererseits liebte sie es, Menschen Geschichten zu erzählen und ihr Wissen weiterzugeben. Im Rahmen des Coachings erkannte sie, dass eine Kontextkorrektur notwendig war. Sie verließ die Klinik und unterrichtet mittlerweile an einer Krankenpflegeschule. Dort hat sie bereits viele Auszeichnungen erhalten und ist die Beste in ihrem Fach und auf ihrem Gebiet.

Sind Sie im richtigen Kontext unterwegs oder bedarf es einer Korrektur und eines Wechsels in ein System, das Ihnen mehr entspricht? Oder einfacher ausgedrückt: Steht Ihre Karriereleiter an der richtigen Wand?

Wenn Sie ein berufliches Ziel haben, sollten Sie sich kurz dem folgenden Leitercheck widmen. Beantworten Sie die Fragen mit Ja oder Nein.

Übung: Mein Leitercheck	
Montagsfrage	Gehen Sie am Montagmorgen überwiegend gerne in die Arbeit?
Motivationsfrage	Sind Sie grundsätzlich motiviert in Ihrer Arbeit und tun Sie das, was Sie tun, grundsätzlich gerne?

Übung: Mein Leitercheck	
Kollegenfrage	Fühlen Sie sich prinzipiell wohl mit Ihren Kollegen und Kolleginnen und kommen Sie gut mit ihnen aus?
Cheffrage	Sind Sie grundsätzlich damit zufrieden, wie Sie von Ihrem Vorgesetzten geführt werden?
Kulturfrage	Matchen Ihre wichtigen Werte mit den Werten Ihres Unternehmens, und zwar mit den geschriebenen und den ungeschriebenen?

Je mehr Fragen Sie mit Nein beantwortet haben, desto mehr sollten Sie über ein Nachjustieren Ihrer Ziele nachdenken.

Der Erfolgsleiter-Check

Auch bei anderen Zielen lohnt sich ein Leitercheck. Es geht auch hier immer wieder darum, nachzujustieren und das Ziel mitsamt dem Kontext zu überprüfen. Ins Ziel werden Sie nur einlaufen oder Ihre Zielwand erklimmen, wenn Ihre Leiter an der richtigen Wand steht, wenn Sie also in einem für Ihr Ziel und sich selbst günstigen Kontext sind.

Fragen Sie sich: Steht meine Erfolgsleiter an der richtigen Wand?

Sind Sie in der richtigen Umgebung? Sind die richtigen Menschen um Sie herum? Matchen dort Ihre Werte gut mit den Rahmenbedingungen? Wirkt sich der Kontext unterstützend auf Ihre Zielerreichung aus?

Ihre Belohnung wartet schon

Ich kann Ihnen versprechen: Nach der Anstrengung kommt die Leichtigkeit. Beim Ballett ist es so, dass als Erstes das Üben kommt, die Anstrengung, und später, viel später, die Leichtigkeit, wenn wir den Tanz und die Tanzschritte gut beherrschen. Und wahre Tanzkunst ist nur gut, wenn es leicht aussieht.

Lassen Sie neben der Anstrengung auch Leichtigkeit in Ihr Leben ziehen. Anstrengung und Leichtigkeit sind wie Yin und Yang, also Gegensätze, die sich anziehen. Ähnlich wie beim Tanzen, strenge ich mich zuerst an und übe die Kombination und anschließend kann es fließen und leicht aussehen, bis ich wieder eine neue Tanzchoreographie lerne.

Gute-Laune-Loop Nr. 7: Das innere Kind abholen

Sie sind nun schon ein gutes Stück des Weges zu Ihrem Ziel gegangen und merken, dass Sie das viel Kraft gekostet hat. Es ist Zeit, mal wieder die Seele baumeln zu lassen, um neue Energie für den Endspurt zu tanken. Der folgende Gute-Laune-Loop hilft Ihnen auch dabei, gut bei sich zu sein, an kreative Ressourcen zu gelangen und zu bemerken, ob vielleicht eine Kontextkorrektur sinnvoll ist. Oft kommen uns nach kreativen Phasen sehr gute Ideen.

Gute-Laune-Loop Nr. 7: Das innere Kind abholen	
Schritt 1: Reiz wahrnehmen	Fühlen Sie sich erschöpft und gehetzt, treibt Ihr innerer Kritiker Sie trotzdem unerbittlich an? Hören Sie achtsam in sich hinein. Ist seine Stimme viel zu laut?
Schritt 2: Kreativität zulassen	Lassen Sie Ihr inneres Kind zu Wort kommen. Hören Sie einmal nur auf dessen Stimme. Wie können Sie Leichtigkeit in Ihr Leben ziehen lassen? Was täte Ihrem inneren Kind gut? Tanzen und Musik? Lesen? Bewegung? Gehen Sie Schwimmen. Spielen Sie mit Ihren Kindern. Verabreden Sie sich mit Freunden. Malen Sie ein Bild oder basteln Sie etwas. Lassen Sie unbeschwerte und leichte Momente zu.
	Es ist wie bei einem Eisberg, dessen größter Teil sich unter Wasser befindet. Der kleine Bereich über der Wasseroberfläche ist die Sachebene. Und unter der Wasseroberfläche ist der Bereich der Beziehungsebene, wo unsere Gefühle, Bedürfnisse und Wünsche verortet sind. Hierzu gehört auch die Beziehung zu sich selbst. Ihr Kind plantscht gern unter Wasser. Und denken Sie daran, die Titanic ist gesunken, weil der Bereich des Eisbergs unter Wasser nicht beachtet wurde!
Schritt 3: Starten Sie neu	Sie haben jetzt aufgetankt. Nun sind Sie gut gerüstet, wieder in Richtung Ziel durchzustarten.

Visualisierung: Gute-Nacht-Gebet für Durchstarter

Um sich durchzusetzen, durchzuhalten, durchzustarten und letztlich die gesetzten Ziele zu erreichen, gibt es eine besondere Technik, die aus dem Mentalcoaching kommt. Ich habe sie etwas abgewandelt, damit Sie Ihr Ziel schneller erreichen.

Stellen Sie sich abends, wenn Sie im Bett liegen, kurz vor dem Einschlafen vor, wie Sie Ihr Ziel erreicht haben. Sehen Sie es richtig vor sich, am besten wie einen Film. Gehen Sie mental in diesen Zustand hinein. Was bemerken Sie? Was nehmen Sie wahr? Vielleicht riechen, hören oder schmecken Sie etwas? Nutzen Sie diese magische Kraft der Visualisierung.

BEISPIEL

Als kleines Mädchen habe ich abends im Bett gelegen und mir vorgestellt, wie ich auf der Bühne stehe und tanze. Die Leute strahlen und applaudieren begeistert. Ich habe das Klatschen des Publikums gehört und sofort hatte ich ein Lächeln auf den Lippen.

In Studien wurde festgestellt, dass sich Ziele schneller mit Visualisierungstechniken erreichen lassen. In entsprechenden Versuchen war Sieger die Gruppe an Probanden, die sich ein Ziel gesetzt hat und es abends vor dem Einschlafen immer wieder visualisiert hat. Die Gruppe, die sich ein Ziel gesetzt hat, ohne es zu visualisieren, hat dreimal so lang zur Zielerreichung benötigt.

Der Beschleunigungsbooster

Und jetzt kommt noch ein besonders wirksamer Beschleunigungsbooster, den Sie denkbar einfach in Ihrem Leben installieren können: Dankbarkeit. Dankbarkeit hat eine immense Hebelwirkung auf das Erreichen unserer Ziele. Wenn Sie anderen dankbar sind, befinden Sie sich ihnen gegenüber in einer sehr positiven und respektvollen Stimmung. Wenn Sie dankbar für Ihre eigenen kleinen Erfolge sind, nehmen Sie eine freudige und respektvolle Haltung sich selbst gegenüber ein.

Seien Sie dankbar für Kleinigkeiten, die heute schon gut gelaufen sind. Seien Sie z.B. dankbar dafür, dass Ihr Kaffee heute geschmeckt hat, oder dafür, dass Ihr Teammeeting gut lief. Seien Sie dankbar für jedes Gramm Gewichtsverlust, dass Ihre Erkältung weg ist und Sie wieder gesund sind, oder dass Sie einen Parkplatz gefunden haben. Es geht um nichts Großes. Kleinigkeiten reichen völlig aus.

BEISPIEL

Eine meiner Klientinnen wollte Teamleiterin werden. Dafür hat sie auch die abendliche Visualisierungstechnik angewendet. Sie sah sich jeden Abend in Gedanken mit ihrem neuen Team als Leiterin zusammenarbeiten und trank mit ihren Freundinnen im Geiste voller Freude einen Prosecco auf ihre Beförderung zur Teamleiterin. Sie feierte in Gedanken ihre Beförderung mit lieben Menschen und sah sich lachend und zufrieden vor jedem Einschlafen. Zusätzlich setzte sie den Dankbarkeitsbooster ein. Sie war dankbar für all die kleinen Dinge, die bei ihr gut gelaufen sind. Nach einem halben Jahr erhielt ich eine E-Mail von ihr, in der sie schrieb: »Frau Nickel, stellen Sie sich vor, ich habe es geschafft und bin jetzt Teamleiterin geworden. Danke Ihnen für die tollen Techniken, das hat mir sehr geholfen. Die Visualisierung gepaart mit der Dankbarkeitsmethode fand ich besonders gut und deswegen nenne ich sie »Das Gute-Nacht-Gebet für Durchstarter«!

Auf einen Blick: Los geht's mit der 3-D-Strategie

- Die 3-D-Strategie steht für Durchsetzen – Durchhalten – Durchstarten.
- Wer sich auf den Weg zum Ziel macht, muss sich oft gegen Widerstände durchsetzen. Das gelingt mit einem starken Willen, mit Begeisterung und mit Leidenschaft. Je stärker Sie für Ihr Ziel brennen, desto leichter meistern Sie diese Hürden.
- Aufgeben ist einfach, durchhalten ist schwerer. Doch es lohnt sich. Glücklicherweise gibt es einfache Techniken, die Ihnen dabei helfen dranzubleiben, auch wenn es mal knifflig wird.
- Um nicht auf der Zielgeraden schlappzumachen, ist es wichtig, immer mal wieder durchzuatmen, neue Energien zu sammeln und sein Ziel bei Bedarf etwas nachzujustieren.

Nach dem Ziel ist vor dem Ziel

Am Ende jeder Reise ist es Zeit, Bilanz zu ziehen: Was lief gut? Was lief schlecht? Was lässt sich künftig besser machen? Begeben Sie sich in die Adlerperspektive und blicken Sie mit scharfem Blick auf all das, was passiert ist und was Sie erreicht haben.

Dieses Kapitel

- unterstützt Sie bei Ihrer Reflexion,
- zeigt Ihnen, wie Sie sich gut gerüstet mit Ihren Erfahrungen auf die Reise zu neuen Zielen begeben können.

Ziel erreicht – was nun?

Sie haben Ihr Ziel erreicht? Gratulation! Sie haben sich durchgesetzt, Ihre Komfortzone verlassen, durchgehalten und sind am Ende durchgestartet. Sie sind drangeblieben, haben Ihren inneren Faulpelz besiegt und sind Ihrem inneren Kritiker Herr geworden. Sicherlich macht er jetzt schon wieder den Mund auf und sagt: »Das war doch nichts Besonderes, war doch klar, dass du das Ziel erreichst!« Lassen Sie sich von ihm nicht die gute Laune verderben. Sie haben es verdient, sich selbst zu feiern und sich zu freuen, weil Sie durchs Ziel gekommen sind. Ohne Wenn und Aber.

Bleiben Sie dran!

Viele Lottomillionäre sind eine kurze Zeit nach ihrem Gewinn wieder pleite bzw. haben genau so viel Geld wie zuvor. Und auch das große Glück hält nur eine kurze Zeit an. Woran liegt das? Die Antwort darauf liegt nahe: Der Lottogewinn macht sie nicht zu neuen Menschen. Um Lottomillionär zu werden, muss man keine Transformation durchlaufen, sondern nur einen Lottoschein kaufen und eine große Portion Glück haben. Und wenn Sie erfolgreich fünf Kilo abnehmen, jedoch Ihre Essgewohnheiten nicht ändern, werden Sie schnell wieder das ganze Gewicht zulegen. So geht es uns auch mit vielen anderen Dingen: Wir tendieren dazu, uns nach dem Erreichen eines Ziels in die alten Gewohnheiten und Denkmuster zurückfallen zu lassen. Wir denken: Schließlich haben wir unser Ziel doch erreicht, oder?

Lassen Sie Ihre noch frischen und neuen Angewohnheiten, die Sie auf dem Weg zum Ziel unterstützt haben, zu festen Gewohnheiten werden und profitieren Sie von Ihrem eingespielten inneren Team. Bleiben Sie auch hier dran, damit Sie dauerhaft erfolgreich sind. Nach einer Diät gilt es, das Gewicht zu halten. Wenn Sie eine neue berufliche Position erreicht haben, gilt es, diese stabil und kraftvoll auszufüllen.

Kosten Sie Ihren Erfolg aus

Lassen Sie Zufriedenheit im Hier und Jetzt in Ihr Leben ziehen. Gehen Sie raus aus dem Besser-Schneller-Erfolgreicher-Hamsterrad. Hetzen Sie nicht von Ziel zu Ziel. Lenken Sie sich nicht ab, indem Sie sich nach dem Erreichen eines Ziels gleich wieder das nächste vornehmen. Würdigen Sie Ihr Ziel und den Erfolg, den Sie haben bzw. erlangt haben. Feiern Sie sich selbst. Lassen Sie keine Zweifel zu. Es gibt so viele Menschen, die haben Häuser, sind Millionäre, haben alles, was man sich wünschen kann, und sind doch ganz und gar unglücklich. Zielerreichung macht nicht dauerhaft glücklich, sondern maximal punktuell. Ziehen Sie das punktuelle Glück in die Länge. Klopfen Sie sich auf die Schulter und bleiben Sie dabei. Atmen Sie durch. Genießen Sie es.

Hier geht es um Ihre Haltung. Nehmen Sie eine für sich gute Haltung ein. Sie alleine bewerten, was gut und was schlecht ist. Sie bewerten auch Ihre Zufriedenheit. Sehen Sie das Glas als halbvoll oder als halbleer an? Sind Sie halb zufrieden oder halb unzufrieden? Es kommt auf Ihre Art des Denkens an. Denken Sie in Und- oder Aber-Kategorien? Ein »Und« verbindet – ein »Aber« trennt.

- Ich habe das erreicht, aber ...
- Ich habe das erreicht und ... bin sehr zufrieden damit.

Erkennen Sie den Unterschied, den diese Sätze bewirken? Finden Sie weitere Und-Sätze für sich selbst.

Sie sind der Choreograph Ihrer Gedanken. Drücken Sie die Stopp-Taste, wenn sich negative Gedanken einschleichen. Und wenn es wirklich einmal sein muss, begeben Sie sich auf Ihren Jammerstuhl (siehe Kapitel »Durchhalten, auch wenn es anstrengend wird«). Dort dürfen Sie so richtig loslegen. Nehmen Sie auf Dauer eine gute Haltung gegenüber sich selbst und Ihrem Leben ein. Niemand sonst kann das zulassen, außer Sie selbst. Das gibt Ihnen Kraft und auch Eigenverantwortung. Gönnen Sie sich bewusste Faulpelzzeiten, schöpfen Sie aus der Kraft Ihrer inneren Kriegerin und lassen Sie mit Ihrem inneren Kind regelmäßig kreative Phasen zu.

Ziel nicht erreicht – und jetzt?

Sie haben Ihr Ziel nicht erreicht? Sie hatten sich auf den Weg gemacht. Es wurde anstrengend und Sie sind gescheitert. Lassen Sie sich davon nicht unterkriegen; geben Sie nicht auf! Scheitern gehört dazu. Nehmen Sie Ihr Scheitern an. Erfolgreiche Menschen lassen sich nicht davon aufhalten. So, wie auf den Winter der Sommer folgt, ist alles im Leben ein Kreislauf. Das Gewinnen und die Erfolge gehören genauso zu unserem Leben wie der Stillstand und das Scheitern. Wir leben in dieser Dualität und durch diese begreifen wir uns selbst. Wie gut schmeckt eine Mango nach drei Wochen Obstabstinenz? Doch jeden Tag Mangos? Schnell schmecken sie uns dann nicht mehr. Wir schätzen die Wärme umso mehr, wenn wir auch mal gefroren haben. Nur Sonne jeden Tag ist auch nicht die Erfüllung. Einer meiner Klienten sagte mir einmal, er kann die Sonne nicht mehr sehen und wünscht sich einfach nur Regen. Er ist Botschafter auf Mauritius und dort scheint fast immer die Sonne. Sehen Sie? Immer nur Erfolge sind langweilig. Erst durch die Niederlagen und Rückschläge gelingt es uns, unsere Erfolge erst so richtig auszukosten.

Zielreflexion

Wenn Sie jetzt noch einmal reflektieren und auf Ihr Ziel blicken: Was waren die Hinderungsgründe? Lag es am Können oder am Wollen?

Manchmal tun wir Dinge, weil sie von uns erwartet werden. Wir folgen unseren inneren, fordernden Elternstimmen oder gesellschaftlich anerkannten Werten, sind quasi fremdbestimmt und wundern uns, wenn wir die gesetzten Ziele nicht erreichen.

BEISPIEL

Ein junger Mann will sehr gut Klavier spielen können und strengt sich sehr dabei an. Nach vielen Jahren mühevollen Übens und wenig Erfolg wird ihm klar, dass das nicht sein Instrument ist. Er spielt es nur, weil seine Mutter Klavierspielen als sehr sinnvoll angesehen hat. Er folgte also zunächst unbewusst diesen inneren Elternstimmen. Es ist einfach nicht sein Ding, Klavier zu spielen. Und wenn er tief in sich hineinhört, ist ihm klar, dass er Klavierspielen nicht wirklich mag.

Irgendwann müssen wir, wie der Klavierspieler im Beispiel, erkennen, was Erwartungen von anderen an uns sind, die wir wunschgemäß erfüllen, und was die Dinge sind, die wir wirklich aus tiefstem Herzen selbst wollen.

Die Frage, die Sie sich also ganz bewusst stellen sollten, ist: »Was will ich wirklich selbst aus tiefstem Herzen?«

Hier geht es darum, im Erwachsenen-Ich zu reflektieren und klare und unabhängige Entscheidungen zu treffen. Wenn wir Dinge anstreben, die wir selbst nicht wirklich aus tiefstem Herzen wollen, wird unser inneres Blockiersystem sofort anspringen und verhindern, dass wir diese Ziele erreichen. So ging es auch dem jungen Mann im Beispiel. Er hatte nur mäßigen Erfolg, denn er wollte eigentlich gar nicht Klavierspielen. Aber trotzdem war sein Weg nicht umsonst. Er hat viel beim Spielen und Üben gelernt, was ihm in seinem Leben in anderen Situationen zugutekommen kann, z. B. Disziplin und Musikalität.

Seien Sie stolz auf sich, dass Sie sich auf den Weg gemacht haben.

> Ever tried. Ever failed. No matter. Try again. Fail again. Fail better. (Samuel Beckett)

Der Weg ist das Ziel

Vielleicht war die Zeit noch nicht reif, um Ihr Ziel auch zu erreichen. Ihre Lektion ist es jetzt, mit dem Scheitern gut umzugehen. Lernen Sie Ihr Scheitern anzunehmen. Sie kennen bestimmt den Spruch: Der Weg ist das Ziel? Haben Sie Spaß am Tun? Denken Sie an Modellbauer, die stundenlang an einem Flugzeugmodell tüfteln. Sie gehen in ihrer Tätigkeit auf. Das Ziel, das fertige Flugzeug, ist ihnen nicht wichtig. Schöpfen Sie die Kraft aus Ihrem Tun.

Trösten Sie sich: Bei jeder Zielerreichung nehmen Sie sich selbst mit – mit all Ihren Mustern und Glaubenssätzen. Wenn Sie sich mehr Geld wünschen, weil Sie mehr Sicherheit wollen, kann es sein, dass mehr Geld dieses Unsicherheitsgefühl noch vergrößert, weil Sie dann Ängste entwickeln, dass Ihr Geld wieder verschwindet. In einem solchen Fall wäre es sinnvoll, dass Sie an Ihrem Mut und Ihrem Selbstvertrauen arbeiten und Ihr inneres Sicherheitsgefühl dabei stärken. Arbeiten Sie an Ihrer Haltung. Was kann Ihnen ein besseres Gefühl geben? Was gibt Ihnen mehr Zufriedenheit?

Sie alleine bewerten, was gut und schlecht ist und was Sie zufrieden macht.

Lernen Sie aus Ihren Erfahrungen

Welche Entdeckungen haben Sie auf Ihrer Reise zum Ziel gemacht, die Ihnen nützlich sein können? Was ist das Gute im Schlechten? Was könnte das Gute im Scheitern sein? Vielleicht passte das Ziel nicht. Oder es verlief konträr zu Ihren wichtigen Werten? Vielleicht haben Sie auch erkannt, dass Sie einem fremden Ziel hinterherlaufen, und entscheiden sich jetzt dazu, künftig viel mehr auf Ihr Inneres zu hören.

Klopfen Sie sich für Ihre bisherigen Anstrengungen auf die Schulter. Zähmen Sie den Kritiker, der auf Ihnen herumhacken will. Und lassen Sie das innere Kind zu: Als Kind gehört Scheitern schlicht und unverkrampft zum Leben dazu. Wie oft sind wir aufgestanden und wieder hingefallen, bis wir laufen lernten? Wie oft haben wir Bauklotz auf Bauklotz gestellt, bis der Turm endlich stand? Würdigen Sie Ihr Schaffen und Ihr Tun. Wichtig ist, dass Sie sich auf den Weg gemacht haben. Darauf können Sie stolz sein.

Auf zu neuen Zielen

In diesem TaschenGuide haben Sie viele Techniken aus dem systemischen Coaching und Mental-Coaching kennengelernt, die Ihnen helfen, sich auszurichten, Ziele zu finden und sie entsprechend anzugehen. Sie sind nun gewappnet für alle Ziele, die Sie sich in Ihrem Leben wünschen und erreichen wollen.

Bevor Sie sich auf die Reise zu einem neuen Ziel begeben, sollten Sie Altes zunächst loslassen: das alte schlechte Gewissen, die unerfüllten Wünsche, die nicht getanen Taten, nicht erreichte Ziele und erzielte Erfolge. Nehmen Sie sich Zeit für eine kurze Selbstbesinnung.

Übung zur Selbstbesinnung: Let it flow

Setzen Sie sich entspannt hin und atmen Sie tief in Ihren Bauch. Schließen Sie Ihre Augen. Lassen Sie die Gedanken ziehen. Gönnen Sie sich Zeit für sich und konzentrieren Sie sich ganz auf Ihren Atem. Verabschieden Sie alles, was Sie nicht erreicht haben in Gedanken mit Liebe.

Machen Sie zwei Fäuste. Drücken Sie diese fest zusammen. Jetzt lassen Sie gedanklich alles los und geben es frei. Öffnen Sie dabei die Fäuste und legen Sie Ihre Hände entspannt neben sich ab. Atmen Sie weiterhin tief ein und aus. Bleiben Sie in der Entspannung. Konzentrieren Sie sich noch einen kurzen Augenblick auf Ihren Atem und öffnen Sie dann langsam wieder die Augen.

Mit neuer Tatkraft kann es jetzt wieder weitergehen. Welche Sehnsucht und Wünsche haben Sie? Was kommt Ihnen in den Sinn? Denken Sie daran: Alles, was Sie sich wirklich wünschen, können Sie auch erreichen! Der Weg vom Start zum Ziel läuft meistens nicht linear; das grenzt auch an ein Wunder! Meist gibt es ein paar Auf und Ab, die wir mithilfe der Gute-Laune-Loops besser meistern können.

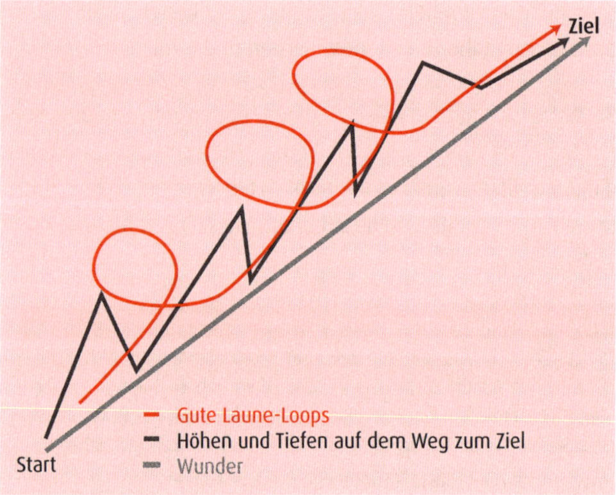

Vom Start zum Ziel

Leinen los mit der Strategie des Vasco da Gama

Lassen Sie uns am Ende dieses Buches noch einmal eine Reise unternehmen, und zwar eine Reise ins 15. Jahrhundert. Stellen Sie sich vor, Sie heißen Vasco da Gama und haben nur eines im Sinn: einen neuen, effizienteren Weg zu finden, wie Sie auf dem Seeweg von Portugal nach Indien gelangen, um kostbare Gewürze wie Pfeffer nach Lissabon zu transportieren.

Pfeffer war teuer, so teuer, dass er mit Gold aufgewogen wurde. In Venedig wurde die Ware an der Börse versteigert und kam so von den Großhändlern über die Einzelhändler zu den Kunden. Jeder Koch, der etwas auf sich hielt, wollte seine Speisen mit diesem Gewürz veredeln. Entsprechend groß war die Nachfrage.

Der bisher bekannte Landweg von Indien nach Europa gestaltete sich sehr mühsam, langatmig, gefährlich und kostspielig. Den wertvollen Körnern wurde vielerorts Zoll auferlegt, und auch Räuber machten sich auf dieser Route oftmals über das teure Gut her. Bereits seit geraumer Zeit suchte man einen anderen Weg, um die hochwertige Ware von Indien nach Portugal zu transportieren – bisher ohne Erfolg. Obwohl Vasco da Gama nicht über die allerbesten Künste in der Navigation verfügte, wurde er vom portugiesischen Königshaus als Oberbefehlshaber für eine neue Expedition nach Indien ausgewählt. Er schaffte es tatsächlich, den Seeweg über das Kap der Guten Hoffnung nach Indien zu entdecken und zu etablieren und kehrte im Sommer 1499, zwei Jahre nach seinem Aufbruch, nach Lissabon zurück – mit einem Schiff voller Gewürze. Damit gelang es ihm, den damals etablierten Gewürzhandel völlig neu aufzurollen, zu erschüttern.

Was machte Vasco da Gama so erfolgreich? Welche Strategie wählte er?

Er hatte ein klares Motiv: Wer den Seeweg nach Indien fand und mit voller Fracht nach Portugal zurückkehrte, würde selbst höchste Gewinne erzielen. Sein Ziel war klar, er hatte eine starke Vision und lernte vom Wettbewerb. So studierte er eingehend die Berichte seiner Vorgänger, die den Weg bereits versucht hatten. Er vermied es, Fehler ein zweites Mal zu machen. Um einer Meuterei zu entgehen, warb er nur Seeleute an, die er persönlich kannte. Er machte sie zu Mitgewinnern und Verbündeten. Er ließ andere an seinem Erfolg teilhaben und arbeitete mit Freiwilligen, was zu dieser Zeit keine Selbstverständlichkeit war. Seine Truppe führte er so, dass für alle Beteiligten das Ziel attraktiv war. Er startete zu einem günstigen Zeitpunkt, bei dem die Winde gut standen, damit sein Schiff schnell vorankam. Es gelang ihm, alternative Lösungen zu finden. Er nahm eine neue Route fernab vom westlichen Teil Afrikas über das Kap der Guten Hoffnung, die davor noch niemand befahren hatte. Und er segelte weit draußen auf dem offenen Meer, war dadurch schneller unterwegs. So vermied er gleichzeitig auch Angriffe von Piraten.

Auch wenn zwischen Ihnen und Vasco da Gama ein paar Jahrhunderte liegen, können Sie von seiner Herangehensweise profitieren. Die sechs Erfolgsfaktoren des Vasco da Gama führen auch Sie zu Ihrem persönlichen Ziel.

Die Strategie des Vasco da Gama		
1.	Attraktives Ziel	Welche Informationen haben Sie über Ihr Ziel? Welche Bedeutung hat das Ziel für Sie? Welchen Gewinn werden Sie haben? Sind Sie bereit, Entbehrungen für das Erreichen Ihres Ziels in Kauf zu nehmen? Ist es wirklich Ihr eigenes Ziel? Dient die Zielerreichung selbst einem höheren Ziel?
2.	Lernen aus den Erfahrungen anderer	Welche Wege waren bisher nicht effizient? Wo hatten andere schon Schwierigkeiten und was waren die Hindernisse?
3.	Verbündete suchen	Wer oder was kann Sie hindern? Machen Sie Widerständler zu Verbündeten. Will Ihr Partner Sie davon abhalten, die Stelle zu wechseln? Ergründen Sie seine Absichten. Vielleicht hat er Angst um Sie, dass Sie sich falsch entscheiden (negative Absicht)? Vielleicht will er nur Ihr Bestes, weil er Sie liebt (positive Absicht)? Wie können Sie die positive Absicht nutzen?
4.	Ressourcen, Wegbegleiter und weitere Verbündete	Welche Ressourcen haben Sie und welche brauchen Sie noch? Wer ist hilfreich bei der Zielerreichung und wie können Sie denjenigen für Ihr Vorhaben gewinnen? Wen kennen Sie, der Erfahrungen auf diesem Gebiet hat und wie können Sie Gegner und Ablehnende zu Befürwortern machen?

Die Strategie des Vasco da Gama		
5.	Neue kreative Wege finden	Wie können Sie das Ziel elegant erreichen? Welchen Weg haben Sie bisher noch nicht probiert? Können Sie Teiletappen und -ziele definieren? Woran können Sie messen, dass diese erreicht sind? Welche Stolpersteine kennen Sie und wie können Sie diese umgehen?
6.	Leinen los, aber mit Plan	Wann ist der richtige Zeitpunkt? Haben Sie alles an Bord, was Sie brauchen?

Nutzen Sie die Strategie des Vasco da Gama bei Ihrem nächsten Ziel und der Erfolg wird sich einstellen. Machen Sie sich auf zu Ihrem nächsten Abenteuer. Setzen Sie Ihre Segel mit dem Wind und tanzen Sie mit Ihrem Widerstand. Viel Freude dabei!

Stichwortverzeichnis

Bedürfnisanalyse 38
Beschleunigungsbooster 108

Carpe-Diem-Übung 21

Durchsetz-Pas-de-deux 89

Erfolgsleiter-Check 105

Faulpelz 63

Gute-Laune-Loop, Prinzip 48

Ich-Zustände, Freudsche 69

Karriereleiter-Check 103
Kind, inneres 78
Komfortzone 17, 67
Kraftfeldanalyse 19
Kriegeranteil 75
Kritiker, innerer 68

Lebensbaum 27

Mentor 24
Mission 45

Netzwerkanalyse 24

Selbstwertgefühl 79
Selbstwertkonto 82
SMART-Methode 32
Standortbestimmung, Analyse 26
STAR-Methode 50
Supercoach, innerer 73

Team, inneres 60

Vasco-da-Gama-Strategie 122
Vision 42
Visionboard 52

Wertebarometer 16
Wertekanon 15

Ziel-Check 88
ZIEL-Modell 46
Zielreflexion 115
Ziel-Tagebuch 8

Impressum

Bibliografische Information der Deutschen Nationalbibliothek
Die Deutsche Nationalbibliothek verzeichnet diese Publikation in der Deutschen Nationalbibliografie; detaillierte bibliografische Daten sind im Internet über http://www.dnb.dnb.de abrufbar.

Print: ISBN: 978-3-648-12462-8 Bestell-Nr.: 10734-0002
ePub: ISBN: 978-3-648-12463-5 Bestell-Nr.: 10734-0101
ePDF: ISBN: 978-3-648-12464-2 Bestell-Nr.: 10734-0151

Susanne Nickel
Ziele erreichen – Von der Vision zur Wirklichkeit
2. Auflage 2019

Redaktionsanschrift: Fraunhoferstraße 5, 82152 Planegg/München
Internet: www.haufe.de
E-Mail: online@haufe.de
Redaktion: Jürgen Fischer

Konzeption, Realisation und Lektorat: Nicole Jähnichen, www.textundwerk.de
Umschlaggestaltung: Grafikhaus, München
Umschlagentwurf: RED GmbH, Krailling
Umschlag innen: Nadine Roßa, sketchnote-love.com
Satz: Reemers Publishing Services GmbH, Krefeld